# MINDFULNESS NA LIDERANÇA

JANICE MARTURANO

# MINDFULNESS NA LIDERANÇA

## COMO CRIAR ESPAÇO INTERIOR PARA LIDERAR COM EXCELÊNCIA

Tradução de Evandro Ferreira e Silva

wmf martinsfontes

SÃO PAULO 2017

*Esta obra foi publicada originalmente em inglês com o título*
*FINDING THE SPACE TO LEAD por Bloomsbury Press.*
*Esta tradução foi negociada com a Bloomsbury Publishing Inc.*


**1ª edição** *2017*

**Tradução**
*EVANDRO FERREIRA E SILVA*

**Revisão técnica**
*Marina Neumann*
**Acompanhamento editorial**
*Cristina Yamazaki*
**Revisões gráficas**
*Orlinda Teruya*
*Cristina Yamazaki*
**Produção gráfica**
*Geraldo Alves*
**Paginação**
*Studio 3 Desenvolvimento Editorial*

**Dados Internacionais de Catalogação na Publicação (CIP)**
**(Câmara Brasileira do Livro, SP, Brasil)**

Marturano, Janice
Mindfulness na liderança : como criar espaço interior para liderar com excelência / Janice Marturano ; tradução de Evandro Ferreira e Silva. – São Paulo : Editora WMF Martins Fontes, 2017.

Título original: Finding the space to lead : a practical guide to mindful leadership.
ISBN: 978-85-469-0167-8

1. Liderança – Aspectos psicológicos 2. Meditação I. Título.

17-04858 CDD-658.4092

**Índices para catálogo sistemático:**
1. Liderança : Administração 658.4092


***Editora WMF Martins Fontes Ltda.***
*Rua Prof. Laerte Ramos de Carvalho, 133 01325-030 São Paulo SP Brasil*
*Tel. (11) 3293.8150 Fax (11) 3101.1042*
*e-mail: info@wmfmartinsfontes.com.br http://www.wmfmartinsfontes.com.br*

*Este livro é dedicado àqueles que almejam liderar com coragem, integridade e compaixão.*

# Sumário

# Introdução: Treinar a mente para o cultivo da excelência em liderança

Liderar pessoas é um dos papéis mais desafiadores que podemos assumir na vida. Requer uma quantidade vertiginosa de habilidades, educação sólida e muita paixão. Na maior parte dos casos, quando assumimos uma função de liderança, é porque desejamos de algum modo fazer a diferença. Na qualidade de líderes, temos certeza de que precisaremos trabalhar por longos períodos, fazer sacrifícios e entrar na montanha-russa do sucesso e do fracasso. Além disso, a quantidade de tarefas que um líder tem de desempenhar num mundo como o de hoje – interconectado e em contínua atividade 24 horas por dia, 7 dias por semana e 365 dias por ano – não raro nos distrai daquilo que é importante e restringe nossa capacidade de liderar com excelência. Se formos realmente sinceros conosco mesmos, talvez tenhamos de reconhecer que, muitas vezes, mais do que gostaríamos, passamos o dia apagando incêndios e desperdiçando tempo quando poderíamos estar dando o melhor de nós.

Mas será que precisa ser assim? Felizmente, a resposta é não.

Podemos aprender a liderar com excelência se cultivarmos nossas habilidades inatas de nos concentrar nas coisas mais importantes, de enxergar com mais clareza as situações que se apresentam, de fomentar uma maior criatividade e, por fim, de incorporar a compaixão. Quando conseguimos realizar tudo isso, aumentam muito as chances de fazermos as escolhas conscientes que um líder precisa fazer. Essas escolhas, por sua vez, criam um cenário do tipo *ganha-ganha-ganha*: ganha a empresa, ganham os funcionários e ganha a comunidade.

## Como concebi a liderança consciente*

Descobri a liderança consciente de maneira um tanto inesperada quando exercia os cargos de vice-presidente, coordenadora de responsabilidade social e consultora geral adjunta na General Mills, uma das maiores empresas do mundo. (No Capítulo 2, falo um pouco mais sobre as circunstâncias que me levaram ao treinamento em atenção plena (*mindfulness*) e o efeito transformador que exerceu em mim.) Na época, eu levava aquela vida intensa que a maioria dos executivos de grandes empresas – além de outras pessoas atarefadas demais, de ministros a mães – conhecem muito bem e que consiste em lidar com exigências incessantes no ambiente de trabalho e fora dele. Foi preciso uma crise pessoal para que eu descobrisse que a prática de *mindfulness* me ensinaria a encontrar mais daquilo de que mais necessitamos na vida: espaço.

Por "espaço" não quero dizer literalmente mais metros quadrados de escritório (embora isso possa ajudar), mas espaço mental e emocional – "largura de banda", para usar a metáfora da internet: a capacidade de ver, sentir, ouvir e meditar aquilo que está diante de nós e dentro de nós. Quando temos esse tipo de espaço, somos capazes de lidar com os problemas (mesmo os mais urgentes) de maneira tranquila, criativa e compassiva, em vez de simplesmente reagirmos de forma conveniente à pressão da situação.

De início, ajudei a treinar um grupo de colegas executivos e diretores na General Mills e, mais tarde, centenas de funcionários de

* Em inglês, a expressão usada é *mindful leadership*. (N. do E.)

vários setores da empresa. Os líderes da General Mills – uma empresa que sempre foi reconhecida como de alto nível em matéria de liderança e de responsabilidade social – adotaram o treinamento para si mesmos e para suas equipes. No fim das contas, começou a surgir uma demanda mundial por esse tipo de treinamento fora da General Mills e isso me levou a fundar, em 2010, o Institute for Mindful Leadership [Instituto para a Liderança Consciente] (que a partir de agora chamarei simplesmente de Instituto). Até hoje, líderes e funcionários de mais de 60 grandes empresas de todo o mundo – executivos de empresas classificadas entre as 500 maiores do mundo pela revista *Fortune*, empreendedores, diretores de ONGs, oficiais das Forças Armadas, administradores de faculdade, advogados, professores e profissionais de saúde – foram treinados com currículos baseados na liderança consciente. E em 2013, o Instituto foi convidado a ministrar um *workshop* de liderança consciente naquele que é, talvez, o mais importante encontro de líderes corporativos do mundo: o Fórum Econômico Mundial, em Davos, na Suíça.

## Como podemos nos beneficiar do treinamento em liderança consciente

Atenção plena não tem a ver com reduzir o estresse ou respirar fundo. Não se trata de uma religião, mas de uma metodologia usada para desenvolver uma habilidade da mente que, em geral, não costuma receber muito treinamento. Assim como o corpo humano tem habilidades inatas que podem ser fortalecidas por meio de exercícios físicos, hoje se sabe, após mais de três décadas de pesquisas, que também a mente pode ser treinada para desenvolver suas potencialidades. Neste livro, mostrarei como iniciar esse treinamento para que você seja capaz de liderar e viver com excelência.

Na Primeira Parte, explico em que consiste a liderança consciente, por que comecei a praticá-la e, depois, a ensiná-la aos outros. Por fim, apresento os motivos pelos quais ela é tão eficaz para o desenvolvimento da excelência em liderança.

Na Segunda Parte, você aprenderá uma variedade de métodos bastante simples para cultivar suas habilidades de liderança com excelência, incluindo meditações, reflexões e pausas intencionais (um método de treinamento da mente a partir do esforço de prestar atenção na rotina ou em momentos particularmente caóticos do dia). Tudo isso foi experimentado, testado e aperfeiçoado em *workshops* e retiros de liderança consciente realizados ao longo de vários anos. Muitas das meditações e reflexões também estão disponíveis em áudio e podem ser acessadas no site Finding the Space to Lead (www.findingthespacetolead.com/meditacoes-reflexoes).

Na Terceira Parte, convido o leitor a levar mais adiante seu treinamento. Para tanto, apresento aplicações e questões para contemplação que o ajudarão a evoluir, passando da condição de gerente que executa suas tarefas com competência à de um líder capaz de fazer a diferença em todas as ocasiões.

O Apêndice 1 contém um índice remissivo de todas as meditações, pausas intencionais e reflexões propostas no livro para que o leitor consiga localizar rapidamente qualquer exercício que deseje praticar em um dado momento. No Apêndice 2, por fim, pode-se encontrar um exemplo de abordagem, muito simples de seguir, para o desenvolvimento de um programa personalizado utilizando os elementos descritos aqui. Ao longo do livro, há também histórias de líderes que encontraram, em sua trajetória de vida, o treinamento em liderança consciente. Todas essas histórias são verdadeiras, embora os nomes tenham sido alterados para preservar a privacidade e o sigilo empresarial de cada um.

Todos temos o potencial de liderar com excelência, e simplesmente não podemos mais nos dar ao luxo de tomar decisões e fazer escolhas sem empregar todas as nossas aptidões em benefício das pessoas, dos problemas e das oportunidades que surgem diante de nós. Claro, boas intenções não bastam para que consigamos mudar a maneira ultraconectada e distraída com que passamos grande parte da vida.

Precisamos treinar as aptidões inatas de nossa mente para perceber quando estamos no piloto automático ou quando nos encontramos distraídos por pensamentos acerca do passado ou do futuro, e então redirecionar nossa atenção às pessoas e situações que se apresentam diante de nós no momento presente. Quando a mente está treinada para se manter completamente atenta, ainda que em meio ao caos, garantimos a nós mesmos o espaço necessário para fazer escolhas mais sábias e conscientes. Seja o que for que você lidere – uma empresa ou organização multinacional, uma pequena sociedade, uma equipe, um hospital, uma comunidade ou uma família – este livro o ajudará a desempenhar essa função.

## PRIMEIRA PARTE

# O QUE É A LIDERANÇA CONSCIENTE?

# CAPÍTULO 1

# LIDERAR EM MEIO AO CAOS

*As oportunidades de liderança estão em toda parte. A capacidade de liderar está bem no fundo de nós.*

Secretária de Estado Madeleine Albright

O dia foi longo, mas você finalmente entrou no carro e está dirigindo de volta para casa. Liga o rádio para ouvir o noticiário e eis que, em meio às matérias de sempre sobre a economia e os conflitos mais recentes pelo mundo afora, o locutor comenta que um fabricante de alimentos de alcance nacional está fazendo *recall* de seus produtos porque eles podem conter bactérias potencialmente causadoras de graves distúrbios intestinais. Para piorar, trata-se de sua marca favorita de *cookies* com gotas de chocolate! Dali em diante, você passa a ouvir apenas parcialmente o resto do noticiário, pois sua mente começa a divagar: Tem algum desses *cookies* na minha despensa? Será que eu comi algum deles ontem à noite? Será que meu filho levou na lancheira quando foi para a escola? Meu estômago estava meio embrulhado no domingo passado, será que comi *cookies* nesse dia?

Já parou para imaginar como são decididos os *recalls* em âmbito nacional? Um *recall* desses pode ser uma das decisões mais difíceis de uma grande empresa. O que está em jogo numa situação dessas é a segurança dos consumidores, a reputação da empresa, conquistada a duras penas, e talvez até o emprego de algumas pessoas.

Uma decisão precisa ser tomada em um curto período de tempo: um dia ou pouco mais. Quando uma empresa consegue reunir provas claras de que há um problema de qualidade, a decisão é simples. Em certas ocasiões, entretanto, os dados são inconclusivos e a opinião dos líderes não é unânime. O que fazer, nesses casos?

Uns anos atrás, Jim, executivo veterano de uma das 500 maiores empresas do mundo segundo a lista da revista *Fortune*, contou-me a história de um *recall* exatamente desse tipo. E me mostrou como o trabalho de liderança consciente que ele e sua equipe vinham realizando desempenhou um papel importante num processo decisório extremamente desafiador.

> Meu dia começou como qualquer outro: com reuniões demais, prioridades em excesso e muitas oportunidades em potencial. Então, recebi um telefonema. Não era uma ligação qualquer, mas o tipo de chamada que podia virar o dia de cabeça para baixo. Por causa dela tive de cancelar todas as reuniões da minha agenda e eliminar todas as outras prioridades. Uma das nossas linhas de produtos mais importantes tinha apresentado um sério risco de contaminação. Quando surge algum tipo de preocupação com a segurança de um produto alimentício, há uma equipe responsável por recomendar ao CEO da empresa se é necessário não fazer um *recall* – e eu sou um dos três integrantes dessa equipe. Sue, Mark e eu éramos executivos experientes e nossa equipe já havia lidado com situações de possível *recall* antes. Felizmente, acontecimentos como esse eram raros na empresa, e a equipe responsável por enfrentá-los era a mesma havia muitos anos. Nós nos conhecíamos bem e tínhamos grande respeito pela competência e experiência de parte a parte.
>
> Uma hora depois do telefonema, nossa equipe de *recall* já tinha reunido os dados e as pesquisas, bem como as opiniões e os questionamentos dos especialistas. O primeiro passo era entender a magnitude do problema. Infelizmente, nesse caso, logo descobri que um chocolate que distribuíamos para o exterior poderia conter bactérias que poderiam causar sérios distúrbios alimentares, sobretudo em idosos e crianças.

Em situações como essa, a pressão é enorme. Estávamos muito preocupados com quaisquer potenciais ameaças à saúde dos consumidores, bem como com os possíveis problemas com a opinião pública. Além disso, um *recall* pode custar milhões de dólares à empresa e prejudicar significativamente a imagem da marca. Assim, a equipe de *recall* começou a trabalhar com os fatos conhecidos e com quaisquer informações adicionais que os testes poderiam dar. Comunicamos o fato aos órgãos públicos competentes e lhes explicamos em que ponto estávamos em nossa investigação do potencial problema. Paralelamente, reunimos especialistas de fora dos quadros da empresa, além de microbiologistas e engenheiros de alimentos para nos ajudar com as questões técnicas. Eu sabia que o trabalho todo tinha de ser feito nas 24 ou, no máximo, 48 horas seguintes. Se houvesse um problema com nosso produto, teríamos de apresentar nossas recomendações rapidamente ao CEO da empresa para proteger os consumidores.

Na maioria das vezes, com os resultados dos testes e a análise das reclamações dos consumidores, conseguimos chegar a um consenso bem rápido. Confirma-se a existência de um problema de qualidade ou prova-se que as alegações não procedem, e a decisão correta se torna clara, pois é fundada em análises e fatos. Dessa vez, porém, não seria tão simples. Mesmo depois de trabalharmos juntos por mais de 24 horas seguidas, tudo o que conseguimos constatar foi que o produto "poderia ser a causa da eclosão de um surto de intoxicação alimentar numa área onde o índice de ocorrência desse tipo de doenças sofrera aumento repentino e um dos produtos possivelmente envolvidos era o nosso". Nada de dados conclusivos nem de provas cabais. Dessa vez, sabíamos que nossa decisão teria de se basear em algo além dos dados e das opiniões de especialistas que tínhamos reunido. Dessa vez, Sue, Mark e eu sabíamos que teríamos de confiar em nossa experiência e intuição para chegar à decisão final.

No início da noite do segundo dia, o tempo estava se esgotando. Sue, Mark e eu nos separamos da equipe de *recall* e nos reunimos em uma sala vazia para deliberar sobre a questão. Enquanto nos acomodávamos em nossos lugares, Mark sugeriu que cada um de nós começasse com um breve monólogo para compartilhar com os demais nossa análise geral da situação e a opinião que tínhamos sobre o *recall*. Lembro que me senti aliviado por saber que todos tínhamos treinamento em comunicação consciente e, portanto, estávamos familiarizados com o uso de monólogos e da escuta profunda. À medida que dávamos início ao processo, eu alimentava dentro de mim a esperança de que chegaríamos a um consenso. Mas não chegamos. E agora, então, o que faríamos?

A opção mais comum seria começar uma discussão, com cada um expondo seus argumentos – aquela típica sessão de debates capaz de absorver uma enorme quantidade de tempo e que nunca resulta em uma boa escolha. O mais comum é que se chegue a uma solução conciliatória ou a uma escolha apoiada por apenas alguns dos integrantes do grupo. E o que estava em jogo ali era sério demais para que seguíssemos esse caminho.

Desse modo, Sue sugeriu que, em vez de continuarmos discutindo, deixássemos assentar dentro de nós tudo o que fora dito e refletíssemos sobre tudo aquilo por algum tempo. Concordamos em nos reunir novamente dentro de uma hora. Mark deixou a sala e foi caminhar nas imediações do prédio. Sue, por sua vez, encontrou uma sala vazia e tranquila, onde ficou sentada. Quanto a mim, fui buscar uma xícara de café e voltei para a minha sala. Fechei a porta e concedi a mim mesmo a tranquilidade de que precisava para absorver tudo o que tinha ouvido e sentido ao longo do dia – a tranquilidade que me permitiria escutar atentamente a minha intuição.

Uma hora depois, retornamos à sala de reunião e, outra vez, compartilhamos nossas opiniões uns com os outros. Dessa vez, havíamos chegado a um consenso claro e sólido. Nem todo mundo, dentro da empresa, receberia bem a nossa decisão, mas agora estava claro para nós três que teríamos de recomendar um *recall*.

Como na maioria das situações envolvendo decisões difíceis, fazer uma escolha correta era fundamental na situação narrada por Jim. Ele e seus companheiros Mark e Sue sentiam-se mais confiantes podendo ir até o CEO (e outros altos executivos) portando uma decisão unânime que lhes desse embasamento argumentativo e apoio mútuo. Tratava-se de uma decisão que não nascera dos dados – pois estes permaneciam inconclusivos – mas da experiência e da intuição coletivas daqueles três executivos. Quando a recomendação foi apresentada ao CEO em caráter de unanimidade, ele fez apenas uma pergunta: "Alguém teve um ponto de vista diferente?". Ao ouvir um não como resposta, ele concordou prontamente com a recomendação. A certeza deles também ajudou o CEO, que se sentiu suficientemente confiante para autorizar um *recall* oneroso porque seus assessores haviam chegado à mesma conclusão. Era a coisa certa a fazer.

A partir daí, todos podiam concentrar sua energia na busca dos caminhos mais eficientes de conduzir o *recall*. Não era a saída que as pessoas desejavam, mas foi mais fácil implementá-la e aceitá-la no longo prazo porque aqueles executivos refletiram o bastante para se sentirem confiantes em sua escolha. Não foi uma decisão rápida e automática tomada no calor do momento. Tampouco surgiu de uma daquelas situações de exaustão que costumam ocorrer após um longo e improdutivo debate. Foi uma decisão que os líderes da equipe tomaram valendo-se de sua capacidade para perceber quando é chegada a hora de deixar os pensamentos assentarem, de modo que tivessem mais chances de encontrar a melhor opção.

Na condição de gestores treinados em liderança consciente, Jim, Sue e Mark sabiam como combinar suas habilidades tradicionais de administração e liderança com a experiência de treinamento da mente que haviam adquirido a duras penas. As práticas e os exercícios de liderança consciente os ensinaram a perceber a força dos impulsos reativos; a propensão da mente humana para restringir o campo de foco nos momentos de estresse; a dinâmica dos debates difíceis, em que os participantes, muitas vezes, resolvem a questão estipulando um mínimo denominador comum para chegarem a um consenso e não à escolha mais acertada; e, por fim, os efeitos negativos da sobrecarga de informações. Também graças ao treinamento, em parte, eles optaram por conviver com a ambiguidade de "não saber a resposta", por algum tempo, o que lhes forneceu a tranquilidade e o espaço de respiro necessários para que enxergassem a situação com clareza e respondessem adequadamente. Nem seus conhecimentos tradicionais de administração nem seu treinamento da mente bastariam, isoladamente, para que chegassem a uma decisão ideal. Foi a combinação das duas coisas que se revelou tão poderosa.

Jim, Sue e Mark tiveram a coragem de parar por um momento, deixar a poeira assentar e usar todas as suas habilidades em benefício da decisão. Em meio ao caos, esses líderes foram um exemplo de *excelência em liderança*. Muito mais vezes do que gostaríamos, permanecemos inconscientes do efeito que uma situação de pressão exerce sobre nossa capacidade de liderar com excelência. Nascemos com a capacidade de estar cem por cento presentes quando essas decisões difíceis precisam ser tomadas – e refiro-me a todas as nossas decisões – mas temos de aprender a perceber quando estamos entrando em modo reativo e adotar práticas que nos ajudem a tomar decisões conscientes.

Todo mundo tem o potencial de liderar com excelência. Neste exato momento, talvez você esteja em uma posição na qual precise tomar decisões que afetarão as pessoas em seu redor ou até em círculos mais distantes – e, consequentemente, se considere um líder e seja visto como tal pelos outros. Ou talvez não desempenhe um papel de liderança, literalmente falando, mas mesmo assim influencie a vida de outras pessoas diariamente, exercendo um claro impacto de liderança em potencial. Seja como for, todos nós vivemos, em algum momento, as *oportunidades de liderança* a que se refere Madeleine Albright na epígrafe deste capítulo. Ao mencionar a capacidade de liderar que trazemos "bem no fundo de nós", Albright se referia ao mesmo tipo de habilidade que poderia resultar do aprendizado da liderança consciente.

## Por que precisamos da liderança consciente?

Para responder a essa pergunta, comecemos por analisar o que significa ser consciente.

Quando temos consciência de um determinado momento, estamos presentes em nossa vida e na experiência pela qual estamos passando tais como são...

> e não como desejávamos que fossem,
> e não como esperávamos que fossem,
> e não enxergando menos ou mais coisas além daquelas que estão diante de nós,
> e não adotando julgamentos que nos possam levar a uma reação pré-condicionada,
> ... mas, sim, vendo a situação exatamente como ela é, na medida em que se revela, encarando cada momento com equanimidade.

Diante dos desafios que os líderes enfrentam hoje em dia, não é muito difícil ver o quanto precisamos cultivar a liderança consciente. O ambiente em que vivemos e trabalhamos está em constante evolução. O tempo hoje se mede, muitas vezes, pelos microssegundos da internet. As empresas estão sujeitas a novas e complexas restrições em matéria de economia e recursos. Estamos conectados, 24 horas por dia, a toda uma gama de dispositivos eletrônicos que nos sobrecarregam de informações, suscitando ansiedade de maneira contínua e gerando uma sensação de desconexão que pode nos dominar e isolar. O mundo muda tão rápido que um indivíduo que hoje esteja estudando para exercer determinada profissão pode deparar com uma carreira radicalmente diferente no momento em que estiver pronto para segui-la. Um depois do outro, os paradigmas se alteram. O volume de informações a nossa disposição está, na verdade, nos conduzindo mais à incerteza que à certeza. A quantidade de explicações e opiniões que podemos ouvir sobre qualquer questão é tão assustadora que, muitas vezes, não sabemos em quem acreditar ou com quem nos alinhar.

No entanto, também é verdade que uma época tumultuada como a nossa pode oferecer grandes oportunidades e amplas possibilidades de inovação, na medida em que as distâncias se encurtam e começamos a enxergar o potencial para enfrentar as complexidades atuais de maneiras verdadeiramente criativas, produtivas e compassivas. É tempo de assumir a liderança e redefinir o que significa liderar com excelência.

Por experiência própria, como advogada associada em um escritório de advocacia de Wall Street, como funcionária de três grandes empresas e de uma multinacional que figurava entre as 200 maiores da lista da *Fortune* e, por fim, com o trabalho que exerci ministrando cursos de liderança consciente para executivos em vários países, pude verificar, inúmeras vezes, que as qualidades dos melhores vão muito além do simples "cumprir com as obrigações". Os melhores líderes são os homens e as mulheres com treinamento de primeira categoria, mente brilhante, coração afetuoso, dedicação apaixonada à sua missão, forte conexão com seus colegas e com sua comunidade e coragem de se abrir para aquilo que está diante deles. Essas pessoas são inclinadas à excelência, à inovação e a fazer a diferença.

Não obstante, volta e meia sentem-se como se suas habilidades e seu treinamento em liderança fossem inadequados para a situação. Contam que, mesmo quando executam bem os projetos sob sua responsabilidade e alcançam as metas trimestrais, simplesmente não sentem que estejam vivendo a vida da melhor forma possível – seja em casa, seja no trabalho. Sentem que está faltando alguma coisa. Mas o quê?

A resposta mais frequente é:

Espaço.

Muitas vezes, o mais comum é não termos o espaço, a área de respiro, indispensável para nos mantermos concentrados e para raciocinarmos com clareza, bem como para escutarmos atentamente a nós mesmos e aos outros. Como vimos na história de Jim, é preciso treinamento e coragem para criar esse espaço por vontade própria.

Uma das maneiras pelas quais as pessoas aprendem a conquistar espaço em sua vida é realizando um retiro de liderança consciente. Em um dos retiros que conduzi recentemente, Sarah, uma diretora de marketing no meio da carreira, descreveu seu dia como "passar por um corredor polonês". Como tantas outras pessoas, ela tem de cuidar da família recém-constituída e, ao mesmo tempo, administrar uma carreira de sucesso. Logo após uma das sessões matinais de meditação do retiro, Sarah compartilhou com os demais participantes que sua vida quase transbordava de compromissos: "Chego à metade do meu dia e me sinto realizada, porque acho que estou conseguindo muita coisa. Afinal de contas, cheguei até ali saindo de uma reunião e entrando em outra sem parar. Algo de útil deve estar acontecendo! Além disso, meu supervisor está me elogiando".

Algumas horas depois, Sarah começou a usar o tempo livre durante o retiro para parar um pouco e tentar enxergar mais de perto o que estava acontecendo no seu dia, e então percebeu que havia uma grande diferença entre uma agenda cheia e uma vida plena. "O que eu faço é só ticar tarefas em uma lista", disse ela. "Não estou ali de corpo e alma. Nunca tenho tempo suficiente para ser criativa ou inovadora como sei que poderia ser. Muitas vezes, estou com tanta pressa que aprovo um projeto bem rápido só para tirá-lo da minha mesa, ainda que uma parte de mim saiba que eu poderia ter contribuído mais se tivesse mais tempo."

Sarah reconheceu o quanto pode nos custar viver uma rotina incessante. Antes de mais nada, os elementos que mais costumam ser prejudicados são a criatividade e o espírito de inovação que resulta da colaboração saudável entre as pessoas: como podemos gerar os vínculos necessários com nossos colegas e nossas comunidades se estamos tão ocupados que a única coisa que fazemos realmente é ticar tarefas, cumprimentar os colegas de trabalho com um "oi" apressado e passar o dia em reuniões e telefonemas? Será que podemos realmente esperar excelência em liderança quando passamos dias inteiros no piloto automático – olhando o relógio e nos perguntando o que fizemos com o resto do dia, examinando o calendário e surpresos por já ser primavera se parecia que ontem mesmo era Dia de Ação de Graças?

Independentemente da quantidade de pessoas que influenciamos em nosso papel de líderes – se milhões, centenas ou apenas meia dúzia – não podemos mais nos contentar em levar a vida no piloto automático, seja na família, seja no trabalho. Não podemos mais perder tantas oportunidades de nos conectar com nossos colegas de trabalho, com as pessoas que amamos e com aqueles a quem servimos. Não podemos mais tomar decisões de maneira distraída, por ato reflexo, em vez de responder conscientemente ou tomando iniciativas. Precisamos manter contato com aquilo que nos levou a ser líderes. Precisamos de liderança consciente para sermos líderes competentes.

Até aqui, falou-se da necessidade de estarmos presentes nos papéis de liderança que desempenhamos no ambiente de trabalho. Mas também é necessário, ou talvez até mais importante, estarmos presentes nos papéis de liderança desempenhados em nossa vida pessoal. Excelência significa fazer escolhas conscientes no que diz respeito não apenas à maneira como trabalhamos, mas também ao modo como vivemos a vida e nos conectamos com a família, os amigos e a comunidade. Precisamos de liderança consciente para viver com competência.

## O que é ser realmente um líder consciente?

*Um líder consciente exerce uma presença ativa em sua função de liderança – cultivando foco, clareza, criatividade e compaixão a serviço dos outros.*

A presença de liderança é uma qualidade tangível. Requer atenção plena e não julgadora no momento presente. As pessoas ao redor de um líder consciente conseguem ver e sentir essa presença.

Certa vez, um amigo meu decidiu ir a um comício em sua cidade para ver se conseguia que Bill Clinton, então candidato a presidente, respondesse a uma importante pergunta que ele queria lhe fazer sobre o sistema de saúde pública. Ao chegar ao local, deparou-se, obviamente, com uma multidão fervilhante que avançava aos gritos. Mesmo assim, conseguiu chegar até o cordão da polícia e pôr-se à espera. Clinton chegou logo depois e começou a caminhar rente ao cordão policial, apertando as mãos dos presentes. Quando estendeu-lhe a mão e Clinton apertou-a, meu amigo fez a pergunta em voz alta. O candidato parou, encarou-o e respondeu à pergunta. Mais tarde, meu amigo me disse: "Naqueles poucos instantes em que conversávamos, Clinton parecia não ter mais nada na mente. Era como se não tivesse mais ninguém ali além de nós dois". Ele sentiu que fora ouvido e respeitado. Assim é a presença de liderança: dá-se plena atenção ao que se está fazendo, e os outros percebem isso.

A presença de liderança é uma coisa poderosa. Em sua própria vida, você provavelmente será capaz de lembrar-se de ocasiões em que a tenha experimentado, seja em si mesmo, seja em outras pessoas. Pode ter sido em uma conversa a dois, ou então em uma conferência cheia de gente. A presença é algo que pode ser sentido até de muito longe.

Com certeza, você conseguirá se lembrar da experiência corriqueira de sentir-se apenas parcialmente presente numa sala, ou de sentir que a pessoa com quem está conversando não está de fato ali. Todos nós somos assim. Mesmo quando estamos empenhados em nos concentrar, nossa mente se distrai com facilidade – pensando no passado ou no futuro e mantendo-se apenas parcialmente no presente, se tanto. Em momentos assim, não estamos personificando nossa capacidade inata de nos manter presentes.

Mas o que isso quer dizer? O que sabemos sobre *estar presente*?

Para começar, você pode tentar lembrar-se de alguma situação em que tenha vivido a experiência de manter-se plenamente atento por alguns momentos. Uma situação na qual não parecia existir mais nada além daquilo que você estava percebendo. Pode ser algum momento importante, como o nascimento do seu filho. Naquele momento, o tempo parece ter parado e nada mais existia além do calor daquele ser miraculoso dormindo tranquilo em seus braços. Toda a sua atenção – mente, corpo e coração – estava completamente absorta naquele instante.

Mas pode ser também algum momento comum, do tipo que em geral passa despercebido e que não se costuma celebrar. Você pode ter ficado um tempo contemplando o pôr do sol. Talvez se recorde de ter parado de repente, tomado de admiração, de corpo e alma, pela beleza da cena, por um intervalo de tempo que parecia uma eternidade, mas que talvez tenha sido de apenas alguns segundos no relógio. Durante esses poucos segundos, você percebeu todos os diferentes tons de rosa e laranja, o jogo complexo de luz e sombra, o seu corpo a absorver a energia evanescente da natureza e o sentimento de pertencer a algo maior.

Talvez você estivesse numa cafeteria de manhã e, enquanto repassava mentalmente os detalhes do dia que estava começando, percebeu um quadro pendurado na parede, ou a atmosfera calorosa e reconfortante do ambiente. O que quer que fosse, interrompeu os trabalhos da mente e lhe permitiu viver com mais plenitude aquele momento de sua vida.

Ocasiões como essas – em que tomamos plena posse do corpo e os sentidos põem-se a trabalhar em algo que está além dos fluxos narrativos interiores, das listas de afazeres ou das conversas ensaiadas – é que dão real sentido à vida. Mais ainda, para aqueles que ocupam cargos de prestígio, a capacidade de estar presente, de personificar a liderança, não somente é crucial para nós como indivíduos, mas também é algo que exerce um *efeito cascata* sobre aqueles que nos cercam: a família, os amigos, a empresa ou instituição onde trabalhamos, a comunidade em que vivemos e o mundo todo, em potencial. Assim como uma pedra, ao ser lançada em um lago, pode gerar ondulações que se espalham por toda a superfície, da mesma forma o cultivo da presença de liderança surte efeitos que vão muito além daquele que sentimos em nós mesmos.

Quando o Instituto trabalha com uma empresa para oferecer treinamento em liderança consciente a seus funcionários, testemunhamos um exemplo de efeito cascata. Geralmente começamos organizando retiros ou cursos para os líderes seniores e, à medida que o treinamento começa a mudar a maneira como eles exercem sua liderança, as pessoas em volta percebem a mudança e logo pedem para participar do treinamento também. Não é raro ouvir as pessoas contarem histórias sobre como seu diretor mudou. Como descreveu uma dessas pessoas: "Estou aqui neste retiro porque, quando perguntei à minha diretora por que, ao lado dela, eu sempre sinto que sou importante e que minha opinião é valiosa mesmo quando ela está atolada de trabalho, ela sugeriu que eu aprendesse mais sobre liderança consciente. Então, aqui estou eu". Na qualidade de líderes, sabemos que muitas vezes subestimamos o impacto que exercemos sobre as pessoas à nossa volta, para o bem ou para o mal. Quando estamos presentes e envolvidos, o efeito é bem diferente de quando estamos distraídos e em piloto automático. Mas não basta *querer* ser mais presente, *querer* exercer um efeito cascata. É preciso treinar a mente.

O trabalho de desenvolvimento da presença de liderança através de *mindfulness* começa por reconhecermos quanto tempo gastamos em um estado mental que costuma ser chamado de *atenção parcial contínua*. Se você for como a maioria das pessoas, é provável que se orgulhe de ser multitarefa, isto é, de ser incrivelmente eficiente por conseguir, ao mesmo tempo, escutar uma chamada em conferência, escrever alguns e-mails e comer salada sentado à mesa de seu escritório.

A situação lhe parece familiar, não parece? Mas pense bem. Quando escutava a tal chamada em conferência, será que estava mesmo ouvindo alguma coisa? Será que, nos e-mails, você compartilhou suas melhores ideias? E quanto ao almoço, será que conseguiu perceber que o estava comendo?

Provavelmente, uma das maiores lições que aprendi sobre o preço da multitarefa foi algo que aconteceu comigo certa manhã em que estava sentada à mesa do escritório preparando-me para um dia cheio de reuniões e revisando os últimos e-mails. Uma das mensagens daquela manhã era de meu marido, que me encaminhou um e-mail da professora da minha filha. Ela pedia que escolhêssemos um dos horários vagos em sua agenda para atendimento aos pais dos alunos, e meu marido queria saber qual deles era melhor para mim, antes de responder. Escrevi, então, a meu marido: "Quinta-feira às 10h seria ótimo... amo você mais que tudo. Obrigada pela noite passada". Tudo bem, exceto pelo fato de que, por estar fazendo tudo às pressas e prestando pouca atenção, enviei o e-mail à professora da minha filha. Não é preciso dizer que, quando me dei conta do que havia acontecido, aquela se tornou uma ocasião inesquecível.

Nada de desastroso aconteceu, apenas um pequeno constrangimento. Claro, qualquer pessoa que tenha trabalhado um pouco será capaz de apontar exemplos quase diários de e-mails contendo erros e raciocínios de mérito duvidoso criados às pressas.

Se parar por alguns instantes para observar as pessoas nos corredores de um escritório ou mesmo na calçada em frente à sua casa, certamente terá uma noção de como a multitarefa deixa as pessoas alheias. Verá pessoas escrevendo mensagens de texto e lendo e-mails enquanto caminham, quase esbarrando umas nas outras ou batendo em muros e paredes. Esse hábito já se tornou aceitável até mesmo quando estamos caminhando com outra pessoa – e supostamente conversando com ela. Foi-se o tempo em que isso era considerado falta de educação. Independentemente de ser falta de educação ou não, a atenção parcial contínua também pode ser cansativa e ineficiente. Estudos recentes no campo da neurociência mostram que a capacidade da mente humana para realizar várias tarefas ao mesmo tempo é bastante limitada. Na realidade, somos feitos para fazer uma coisa de cada vez.

Os corredores dos escritórios costumavam ser espaços onde as pessoas se cumprimentavam informalmente e tinham conversas casuais. Era possível fazer contatos valiosos nesses lugares. Do ponto de vista fisiológico, uma caminhada pelo corredor era uma oportunidade de ter alguns momentos de liberdade espacial em que se podia deixar para trás os pensamentos da reunião anterior e, assim, entrar na próxima com a mente um pouco mais aberta. Hoje, porém, quase não se fazem mais contatos nesses ambientes, pois todo mundo passa ali com pressa, os dedos passeando pela tela do *smartphone*. O resultado é que todos entram na reunião seguinte ainda pensando na anterior.

Levamos uma vida apressada, fragmentada e complexa; e, ao que parece, cada vez mais perdemos as oportunidades de enriquecimento e engajamento advindas do ato de viver o momento presente. Diante de tantas maneiras pelas quais somos atraídos a nos distrair, a sufocar nossa intuição e a fragmentar a atenção, é fácil atravessarmos a vida sem empregar plenamente as nossas capacidades e a nossa atenção em todas as situações que vivenciamos.

Diante disso, o que fazer? Será a presença de liderança um dom natural que apenas alguns poucos seres humanos possuem, ou será que ela pode ser cultivada? Será que podemos treinar a mente para que ela nos apoie em nosso intento de viver a vida com foco, clareza, criatividade e compaixão, mesmo diante de tanta pressa, fragmentação e complexidade?

Felizmente, podemos.

Liderar com excelência, mantendo-nos plenamente presentes naquilo que fazemos e conectando-nos com os outros – essas são habilidades inatas que todos temos. Posso dizer, por experiência própria, que os bons líderes e todos aqueles que desejam sê-lo anseiam por cultivar essas habilidades. E é justamente isso que o treinamento para a liderança consciente possibilita. Seguindo práticas simples que ajudam a refinar a atenção e a capacidade de perceber o que está se passando no corpo e na mente em determinado momento, você pode utilizar todas as suas habilidades – manter a mente limpa e o coração amoroso para realizar escolhas sábias – e começar, assim, a ver o que acontece quando se lidera desde uma posição autêntica.

## Uma primeira amostra do que é a prática da liderança consciente

Para começar a familiarizar-se com a atividade de sua mente, tente a seguinte experiência. Largue este livro por um momento, sente-se confortavelmente em algum lugar, feche os olhos e perceba que está respirando. Apenas sinta a respiração no seu corpo. Só isso. Essa é a única tarefa de sua lista de afazeres. Não precisa mudar nada na maneira como você está respirando. Apenas atente para as suas sensações à medida que o ar entra no corpo e sai dele. Tente fazer isso por somente cinco minutos. Mantenha a sua atenção nas sensações.

O que você percebeu?

Se você for como a maioria, o que parecia ser uma tarefa simples, na verdade não foi tão simples assim. Percebeu sua mente pulando de pensamento em pensamento, mesmo que você quisesse manter a atenção nas sensações?

Com a prática, o esforço de perceber as sensações da respiração poderá tornar-se um valioso ponto de apoio para trazê-lo de volta ao presente, até mesmo no meio de uma reunião caótica ou de uma conversa difícil durante a qual sua mente, de outro modo, experimentaria todo tipo de distrações. É somente no presente que podemos perceber as sensações da respiração, nunca no passado nem no futuro. Portanto, se você conseguir concentrar a atenção nelas por uma ou duas respirações, a mente abandona suas preocupações com o futuro ou suas memórias do passado e volta para o aqui e agora.

Quanto mais cultivar a sua capacidade de estar presente, você começará a ver que as distrações que tantas vezes lhe ocupam a mente podem lhe impedir de ver as coisas com a clareza de que você precisa para comandar uma situação, criar espaço para a inovação ou fazer as conexões para torná-lo mais aberto à necessidade de compaixão.

Ainda que a tecnologia e o fluxo incessante de informações pareçam, de tantas formas diferentes, estimular nossa atenção a fragmentar-se mais e mais, mantendo-se em qualquer lugar menos no presente, a capacidade da mente para dirigir e sustentar a atenção está sempre à disposição para ser cultivada. Neste livro, que é um guia da liderança consciente, você conhecerá as muitas maneiras pelas quais a mente pode ser treinada, e aprenderá a usar esse treinamento para lidar com os desafios cotidianos de viver e liderar no mundo de hoje.

## PEQUENA OBSERVAÇÃO SOBRE ATENÇÃO PLENA, ESTRESSE E SAÚDE

Embora a introdução de *mindfulness* em nossas práticas e em nossos hábitos de liderança não tenha como objetivo principal melhorar a saúde e o bem-estar individuais, as experiências pessoais de milhares de adeptos da atenção plena – bem como os resultados de inúmeros estudos – demonstraram que nossa saúde melhora sim, e em diversos aspectos. A expressão que melhor resume os benefícios da prática de *mindfulness* para a saúde é "redução do estresse".

Aquilo que chamamos de estresse corresponde a um complexo sistema da nossa mente e do corpo em geral, e precisamos dele para reagir com eficiência aos desafios e às ameaças e emergências que nos são impostos. Mas quando o corpo e a mente se encontram em estado permanente de estresse reativo, paga-se um preço por isso. Um dos benefícios centrais de *mindfulness* para a saúde é que ele nos ajuda a controlar melhor nossas reações de estresse. Além disso, um maior nível de consciência corporal e mental pode contribuir para que façamos escolhas melhores no que diz respeito ao nosso estilo de vida, o que, por sua vez, pode significar mais saúde no longo prazo.

Diversos pesquisadores concluíram, também, que a prática da atenção plena nos torna mais resistentes – mais capazes de suportar os desafios da vida com mais e mais serenidade. Segundo um estudo conduzido por Jon Kabat-Zinn e Richard Davidson, dentre os trabalhadores de uma empresa de biotecnologia de Wisconsin, aqueles que participaram de um programa de treinamento em atenção plena exibiram padrões de atividade cerebral que indicavam menos reatividade perante experiências difíceis, o que naturalmente leva a um "menor nível de estresse". Se diante de um desafio somos capazes de enfrentá-lo com certa tranquilidade em vez de esboçarmos uma reação exagerada, é certo que nossa saúde melhorará. E, naturalmente, esses efeitos positivos sobre nossa saúde física e nosso bem-estar geral contribuirão para aumentar nossa capacidade de liderar com excelência.

## CAPÍTULO 2

# Espaço para liderar

*É preciso aprender a permanecer quieto em meio à atividade, e vivo e vibrante quando em estado de repouso.*

Indira Gandhi

Era a virada do século, o novo milênio nascia no horizonte e eu, como tantos outros, continuava aperfeiçoando minha arte como um malabarista experiente. Não o malabarista do circo, mas o da multitarefa. Manter no ar todas as bolas da minha vida era uma arte que exigia movimentos rápidos e grande equilíbrio. Cada uma dessas bolas correspondia a um papel:

Esposa – casada (até hoje, felizmente) com meu amor de faculdade
Mãe – de duas crianças maravilhosas, uma de dez e a outra de quinze anos na época
Executiva – vice-presidente e consultora geral adjunta da General Mills
Filha – com um relacionamento muito íntimo com meus pais idosos
Voluntária – presidente do conselho administrativo de uma grande organização sem fins lucrativos em minha comunidade

Minha agenda era cheia e eu levava uma vida muito, muito ocupada. Mesmo assim, sentia que, de uma maneira ou de outra, as coisas eram como deveriam ser. Mas então surgiu outra bola. Não uma bola qualquer, mas uma daquelas bem grandes e pesadas que os atletas usam para se exercitar.

A General Mills decidira comprar a Pillsbury Company. Tratava-se, portanto, de uma fusão de duas multinacionais igualmente grandes, e eu tinha sido encarregada de conduzir os esforços de conformação às leis antitruste exigidos pela Comissão Federal de Comércio dos Estados Unidos. Embora a tarefa tenha iniciado como uma negociação semelhante a qualquer outra – e eu já tivesse liderado muitas fusões antes – a coisa acabou se transformando num verdadeiro pesadelo. Em vez de levar, como era de costume, quatro ou cinco meses, essa negociação era tão complexa que levou quase um ano e meio para ser concluída. Os motivos exatos pelos quais um processo relativamente simples de obtenção de licença se arrastou por tanto tempo compõem uma saga cuja narração mereceria um livro à parte. Por ora, importa saber apenas que o processo demandou jornadas de doze ou catorze horas por muitos meses e que todos os dirigentes, em ambas as empresas, ficavam mais impacientes e angustiados a cada dia que passava. Não raro, eu entrava em minha sala ao amanhecer e só saía de lá tarde da noite.

Numa segunda-feira de manhã, quando caminhava do carro até o escritório, os pensamentos já fixos nas muitas reuniões que eu teria naquele dia, encontrei-me por acaso com um executivo da Pillsbury. Ele me perguntou como as coisas estavam indo, e quando eu lhe contei os desafios com que estávamos lidando, ele me disse: "Você sabe que, se não conseguir fechar esse acordo com a Comissão, 10 mil funcionários da Pillsbury provavelmente perderão o emprego".

A frase permaneceu em minha mente durante todo o processo. Aqueles 10 mil empregos, para mim, significavam 10 mil famílias que eu não queria que sofressem. As palavras daquele homem só contribuíram para aumentar ainda mais a pressão que eu já sentia. Com o passar dos meses, a bola foi ficando mais e mais pesada. A bola tinha se transformado agora numa rocha enorme. Com um objeto tão pesado, não dava mais para fazer malabarismos. A coisa já dominava minha vida.

Foi então que, no sexto mês do processo, num momento em que eu já estava mantendo as coisas em uma espécie de equilíbrio precário, minha mãe morreu. O acontecimento abalou meus alicerces. Ela já estava bastante doente e eu sabia que não a teríamos conosco por muito mais tempo. Mesmo assim, não estava preparada especificamente para a hora da sua morte. Não sei se alguém consegue se preparar para um momento como esse. Como não havia ninguém para me substituir e eu precisava esquecer a dor que estava sentindo, um dia depois do funeral voltei a trabalhar na fusão, e com ainda mais afinco.

Então as coisas pioraram ainda mais. Apenas seis meses após a morte da minha mãe, tive de me preparar, aos trancos e barrancos, para a cerimônia de enterro do meu pai. Fora uma morte repentina. Ele morreu na mesa de operação devido a complicações na cirurgia. Meus alicerces, já abalados, ficaram ainda mais enfraquecidos: meu pai e minha mãe faleceram em um intervalo de seis meses e eu não tinha tempo para chorar a morte de duas pessoas que haviam desempenhado um papel central em minha vida e que haviam me ensinado todos os valores que guiavam minha vida.

Eu estava no limite e, verdade seja dita, alguns setores da minha vida definitivamente não estavam ganhando a atenção necessária. De algum modo, então, o acordo da Pillsbury foi aprovado, a fusão ocorreu e as demissões em massa foram evitadas.

*Agora sim*, pensei, *minha vida vai voltar ao normal. Agora sim conseguirei dormir a noite inteira de novo e recuperar alguns dos nove quilos que eu perdi sem nem sequer fazer dieta. Agora, enfim, vou poder cicatrizar as feridas que a perda dos meus pais deixou.*

Mas nada disso aconteceu.

Mesmo começando a ajudar na fusão das duas empresas e a trabalhar menos horas por dia, eu não conseguia recuperar a energia que perdera durante todos aqueles meses. Sem descansar quase nada nem cuidar dos profundos sentimentos que envolviam a morte dos meus pais, voltei a mergulhar no jogo da vida. Voltei ao papel de malabarista. Afinal de contas, é isso que fazemos nós, as pessoas bem-

-sucedidas e esforçadas. Voltamos direto ao jogo. Jogamos duro e somos admirados por isso.

Uma parte de mim, no entanto, perdera-se, e eu não sabia como recuperá-la. Como viria a compreender mais tarde, eu tinha gastado tanta energia mental que meu nível de resiliência estava praticamente nulo.

## A descoberta de *mindfulness*

Um amigo meu, excelente médico, conseguiu enxergar através do meu sorriso cotidiano e sugeriu que eu precisava mesmo era de uma semana em um *spa*, para que alguém cuidasse de mim e eu pudesse comer alimentos saudáveis, receber massagens e dormir por longos períodos. No dia seguinte, enviou-me por e-mail a edição mais recente do guia Zagat com os melhores *spas* do país. No topo da lista estava o Miraval, no Arizona. Quando abri o link, vi aquele belo *resort* no deserto, onde se oferecia todo tipo de mimos, uma vasta gama de aulas e serviços. Parecia maravilhoso. Obviamente, eu nem conseguia me imaginar voltando para casa e dando à minha família a notícia de que viajaria sem eles. Já tivera de mandá-los sair de férias sem mim em um dos momentos mais difíceis do acordo antitruste e não queria me separar deles de novo. Portanto, não podia ir.

Enquanto dava uma última olhada no site do Miraval, entretanto, notei que havia um programa especial que estava anunciado como um retiro intensivo para executivos sobre o "poder da atenção plena", ministrado por Jon Kabat-Zinn. Nunca tinha ouvido falar de Zinn, mas a ideia de treinar a mente me pareceu intrigante, de modo que eu resolvi pesquisar melhor em que consistia aquele negócio de *mindfulness*.

Não sou uma pessoa do tipo Nova Era. Longe disso. Eu era vice-presidente de uma grande corporação, a General Mills. Não vivia à beira-mar, em Baja. Vivia em Minnesota. Eu até gostava de olhar para a árvore que ficava em frente ao meu escritório, mas não tinha intenção de sair andando descalça e dançar ao redor dela com flores no cabelo. Se fosse para passar seis dias em um *spa* participando de um treinamento, eu queria me certificar de que valeria a pena gastar todo esse tempo.

Encontrei alguns estudos sobre a eficácia de algo conhecido como "redução do estresse através do desenvolvimento da atenção plena" – e a coisa era muito convincente. Na sequência, descobri que a pessoa que tinha desenvolvido esse programa era a mesma que ministraria o retiro, e que o sujeito era um microbiólogo com doutorado no Instituto de Tecnologia de Massachusetts (MIT). Diante desses fatos, senti-me bastante segura de que a experiência se fundaria em descobertas científicas e não em *slogans* e clichês esotéricos. Conversei com minha família sobre o assunto e eles me apoiaram com entusiasmo. Então, inscrevi-me no curso.

A experiência revelou-se totalmente diferente de qualquer outra que eu já tivera, e até hoje ainda a incluo entre as dez coisas mais difíceis que eu já fiz na vida. Logo no primeiro encontro, Jon informou aos presentes – éramos doze e estávamos sentados em círculo – que ficaríamos sentados meditando por cerca de 45 minutos. Ainda me lembro dos pensamentos que passavam pela minha cabeça então: *Quarenta e cinco minutos sentados e imóveis? Foi isso mesmo que ele acabou de dizer? Para que tanto tempo? Não vou treinar a mente ao longo dessa semana. Vou é enlouquecer!*

Curiosamente, também tenho uma lembrança muito nítida do último dia de retiro. Nela, estou carregando minha pequena almofada de meditação até a sala onde nos encontraríamos para a prática matinal e pensando: *Vai ser só uma hora de meditação. Não dá pra nada.*

Nos dias que se passaram entre esses dois momentos contrastantes – o antes e o depois da minha primeira incursão em *mindfulness* – eu comecei a aprender como treinar a mente para mantê-la concentrada no momento presente. Aprendi que as pessoas, em geral, gastam a vida inteira distraindo-se e pensando tanto no passado e no futuro que acabam perdendo o momento presente, justamente o único que podem viver e influenciar.

Depois de tanto tempo fazendo dezenas de tarefas ao mesmo tempo e tentando harmonizar todas as diferentes exigências que minha vida me impunha, depois de avançar em ritmo de corrida por tantos anos – e mais rápido ainda durante aqueles dezoito meses –, parar e aprender a me manter no presente foi como bater contra uma muralha de pedras. Ao longo daqueles dias em que explorava os meandros da atenção plena, fui descobrindo e redescobrindo, bem aos poucos, a capacidade inata de minha mente para estar presente. E a partir dessa descoberta comecei a me reconectar comigo mesma – mente, corpo e coração. Aos poucos, desenvolvia-se em mim um pouco de resiliência mental.

Quando voltei para casa, meu maravilhoso marido veio abrir a porta e, de imediato, percebeu que algo havia mudado. Eu estava mais aberta, mais descansada e mais em paz, como havia muito tempo não conseguia. Continuei fazendo minha meditação diária e comecei a perceber, ao longo do dia, os momentos em que não estava exercendo a atenção plena. Por exemplo, eu me pegava pensando na reunião do dia seguinte em vez de ouvir o que as pessoas estavam dizendo na reunião em que estava. Outras vezes, checava e-mails e almoçava ao mesmo tempo em minha mesa e então percebia que não fazia a mínima ideia de qual era o sabor da sopa que tinha tomado. Por outro lado, comecei a notar, em certas ocasiões, que eu podia inibir a reação típica que uma pessoa ou situação provocava em mim. Para isso, usava minhas novas aptidões para criar um pequeno espaço e, dentro dele, fazer outras escolhas. Aquilo se transformou em uma fascinante exploração de meus próprios condicionamentos, bem como da possibilidade de ampliar as habilidades da minha mente.

Naqueles primeiros anos, eu meditava em segredo. Estava bastante segura de que a maioria dos meus colegas não entenderia por que eu praticava a meditação. Na verdade, eu tinha certeza absoluta de que algumas pessoas não gostariam da ideia de que uma das advogadas mais importantes da empresa estava se transformando naquele estereótipo de uma figura descontraída e sempre calma que pratica meditação. Advogados, segundo se crê, devem ser nervosos e assertivos. A falta de conhecimento de meus colegas de trabalho sobre a prática de *mindfulness* poderia levá-los a cogitar se meu hábito de meditar não se traduziria em perda de foco e compromisso de minha parte.

À medida que ia desenvolvendo uma prática diária de meditação, minha vontade era aprender mais. Inscrevi-me, então, em um retiro de ex-participantes, para pessoas já treinadas por Jon em seu curso intitulado O Poder da Atenção Plena. O responsável pelo retiro era Saki Santorelli, diretor-executivo do Centro de Mindfulness na Medicina, Saúde e Sociedade, da Escola de Medicina da Universidade de Massachusetts.

Meu encontro com Saki deu início a uma jornada de muitos anos durante a qual estabelecemos diversas relações de proximidade. Ele compartilhou comigo a grande experiência que tinha no tema da atenção plena, o que me ajudou bastante a aprofundar minha prática, e além disso me transmitiu a arte de ensinar essa técnica aos outros. Concordei em integrar o conselho consultivo do Centro de Mindfulness, tornei-me a diretora de educação para a liderança e ofereci minhas habilidades de estrategista experiente para dar apoio ao centro. Tornamo-nos colegas e amigos e juntos desenvolvemos o primeiro currículo de liderança consciente e coordenamos retiros sobre esse tema por quase cinco anos. Nossas atividades significaram, para mim, um terreno amplo e fértil de desenvolvimento pessoal na área e provocaram uma grande transformação em minha vida.

Enquanto isso, na General Mills, eu percebia com cada vez mais nitidez que a prática da atenção plena estava fazendo de mim uma líder melhor. Ao mesmo tempo, também percebia cada vez mais claramente a tensão em meus amigos e colegas de trabalho, bem como naqueles com quem eu trabalhava em outros setores da sociedade. Era – e ainda é – muito difícil liderar com excelência. Aquelas pessoas trabalhavam duro e estavam exaustas. Além disso, sentiam-se frustradas porque não tinham o tempo nem o espaço de que necessitavam para poderem oferecer o tipo de soluções criativas, mentoria e conhecimento estratégico que sabiam estar dentro de suas capacidades.

Por isso, comecei a pensar que o programa de treinamento em atenção plena que eu seguira até então talvez pudesse ser empregado para desenvolver algumas das aptidões inatas da mente diretamente relacionadas ao ato de liderar com excelência. O impacto que esse treinamento já exercera sobre mim ia muito além da redução do estresse. Sua aplicação em minha vida estava transformando a maneira como eu lidava com o caos do dia a dia, e essa transformação já começava a ser notada e sentida pelos outros.

Certo dia, no fim da tarde, eu estava sentada à minha mesa no escritório e, quando olhei para o relógio, percebi que era hora de ir embora. Também notei em mim um sentimento de satisfação e completude com relação ao dia de trabalho. Quase de imediato, lembrei-me das centenas de vezes em que isso não acontecera. Costumava olhar para o relógio e ficar chocada ao ver que já era hora de ir para casa. Não conseguia entender como o dia passava tão rápido.

Esse breve momento foi um divisor de águas. Serviu para que eu visse melhor o quanto as coisas estavam mudando para mim como resultado do treinamento. Embora eu ainda esteja longe de conseguir manter a atenção plena todo o tempo, a mudança por que passei significou a diferença entre estar presente para a família e o trabalho e desperdiçar toda a minha vida.

## Como compartilhei minhas descobertas com os colegas de trabalho

O ano era 2005. Era outono, e eu caminhava, na companhia de um amigo, em direção a uma reunião de executivos cujo tema era inovação. Tínhamos reservado uma tarde inteira para falar sobre os fatores que inibiam e os que estimulavam o processo criativo. Queríamos explorar todos os métodos possíveis para incentivar o surgimento de ideias novas que rompessem antigas barreiras.

Reunimo-nos em pequenas mesas e, com o auxílio de um facilitador, tentamos identificar os obstáculos que impediam maiores inovações. Depois de muitas horas de reunião e pouco progresso, um dos vice-presidentes se levantou e, com um certo ar de frustração, disse: "Olha, não é que não tenhamos grandes ideias. Nós temos. Contamos com pessoas inteligentes e criativas. Mas sabe o que acontece quando alguém apresenta uma ideia nova à sua equipe? Todas as pessoas presentes reagem imediatamente com comentários do tipo: 'Não temos dinheiro para isso, o setor executivo jamais aceitará, já fizeram a mesma coisa há dez anos, vai levar tempo demais', e assim por diante, indefinidamente. Antes mesmo de poder respirar e ver alguma perspectiva de aplicação, a ideia já morreu". Suas palavras soaram muito verdadeiras para o grupo ali reunido.

Naquele momento, dei-me conta de que precisava encontrar uma maneira de inserir a prática da atenção plena no processo de cultivo da excelência em liderança. O que aquele vice-presidente descrevera era a maneira como a mente conta histórias, as quais, muitas vezes, limitam nossas ações em nível individual e organizacional. O desafio agora seria desenvolver um programa de treinamento que parecesse aceitável para uma empresa relativamente conservadora e que contava com líderes já considerados muito bem treinados.

Para poder exercer o maior impacto possível no menor intervalo de tempo, eu teria de abordar a questão diretamente com os executivos e os diretores. Já fazia um bom tempo que eu trabalhava como executiva da General Mills. Sabia, portanto, que esse grupo tinha profissionais brilhantes, dedicados e sempre em busca de excelência. Sabia, também, que todos nós tínhamos acesso a uma ampla variedade dos mais modernos treinamentos em liderança, de modo que esse treinamento em liderança consciente seria julgado segundo padrões muito elevados.

Desde o início, eu havia usado essa prática especificamente para tornar-me mais eficaz na qualidade de líder, assumir maiores reponsabilidades, conectar-me de forma mais profunda com as pessoas com as quais convivia e, diante de tudo isso, ainda manter certo equilíbrio. Não estava interessada, portanto, em apresentá-la como uma ferramenta para reduzir o estresse e melhorar a saúde. Esse programa de treinamento da mente deveria ter como objetivo encontrar uma maneira diferente de liderar, um método que, em primeiro lugar, servisse de apoio para o líder e, em segundo lugar, exercesse um impacto mais abrangente sobre a empresa como um todo e até sobre a comunidade.

Assim, comecei a conversar individualmente com alguns de meus colegas, compartilhando com eles a minha experiência e convidando-os a explorar por si mesmos um novo treinamento que Saki e eu tínhamos desenvolvido. Quando o número de interessados chegou a 14, Saki e eu organizamos uma excursão com eles até uma pousada em Minnesota para o que seria o primeiro retiro de quatro dias tendo como tema a liderança consciente. O retiro viria a tornar-se conhecido como Cultivar a Presença de Liderança através da Prática da Atenção Plena (*Mindfulness*). Foi uma experiência intensa, única. Estava ansiosa por saber o que os participantes tinham achado, queria uma opinião sincera. Também estava um pouco apreensiva. O que será que as pessoas estavam achando, verdadeiramente, de tudo aquilo? Eu já exercia cargos executivos havia muito tempo para achar que o sucesso seria garantido. Queria tentar medir os resultados e aprender mais sobre a natureza do sucesso ou do fracasso obtido.

Então, enviei aos participantes um questionário simples, com perguntas diretas:

O retiro foi útil?
Alguma das atividades realizadas não teve utilidade alguma?
O que o surpreendeu?
O treinamento pode ter algum valor para a empresa?
Em caso positivo, qual?

Quando recebi os questionários de volta, vi que a palavra mais usada era *transformador*.

A reação foi espontânea, e quando os colegas de trabalho perguntavam aos participantes como havia sido a experiência, a resposta geralmente era um simples "Você tem que ir". Foi então que a onda se espalhou, produzindo sessões de meditação semanais, sessões estendidas de prática meditativa bimestrais e, por fim, um retiro anual para ex-alunos. O programa nunca chegou a ser adotado oficialmente pela empresa. Foi iniciado e propagado pelos próprios líderes, que logo me pediriam que providenciasse uma maneira de treinar todos os funcionários das divisões que lideravam. Esse pedido levou ao desenvolvimento de um curso de sete semanas intitulado Liderança Consciente e Bem-estar. Alguns anos mais tarde, pediram-me um treinamento para novos diretores, o que me levou a elaborar um programa de dois dias que chamei de Liderança Diferenciada: O Poder da Pausa Intencional.

O fato de o treinamento ter-se disseminado tão rapidamente e de os líderes terem pedido tantos cursos adicionais – ademais, oferecendo-os também aos funcionários de suas divisões – é, em si mesmo, testemunho da eficácia da liderança consciente. Na medida em que começaram a usar o treinamento da mente para cultivar o foco, a criatividade, a clareza e a compaixão, os líderes da General Mills encontraram espaço para levar mais inspiração e cuidado ao ambiente de trabalho, e se asseguraram de que todos os funcionários sob sua responsabilidade também tivessem acesso ao treinamento. E sete anos depois, a jornada ainda continua. Mais de quinhentos funcionários já receberam treinamento em liderança consciente e bem-estar.

Em 2008, Saki e eu decidimos oferecer esse treinamento para líderes de outras partes do mundo. Como da primeira vez, comecei abordando-os individualmente, dessa vez fora da General Mills. Os ex-participantes de dentro da General Mills fizeram o mesmo.

A procura pelos retiros de quatro dias cresceu tanto que eu e Saki acabamos concluindo que o trabalho de formação para a liderança consciente precisava de sua própria organização sem fins lucrativos, bem como instrutores treinados especialmente para isso – instrutores que entendessem como era desempenhar papéis de liderança e que tivessem desenvolvido suas próprias práticas de *mindfulness*. Com auxílio, apoio e generoso incentivo de meus familiares e dos muitos líderes que haviam passado pelo mesmo treinamento, fundei, em 2010, o Institute for Mindful Leadership (Instituto para a Liderança Consciente). A missão do instituto é convidar as pessoas a abraçarem a prática da liderança consciente como a peça que faltava para o desenvolvimento da excelência em liderança, e acessível aos líderes de todos os setores da sociedade e em todos os níveis organizacionais. Jamais esteve em meus planos profissionais abandonar a prática da advocacia e me dedicar ao planejamento pedagógico e ao ensino da liderança consciente. A disseminação da liderança consciente foi um acontecimento que eu jamais imaginara e, na verdade, há muitos dias em que eu ainda fico tentando entender como foi que isso aconteceu. É um grande privilégio fazer parte dessa jornada e ajudar as pessoas a descobrirem as capacidades inatas da mente. Acredito que o treinamento em liderança consciente, associado a outros tipos de práticas envolvendo *mindfulness*, pode fazer uma diferença real na vida dos indivíduos, nas organizações e no mundo como um todo.

A melhor maneira de lidar com muitos dos maiores problemas contemporâneos é buscando meios de cultivar em nós mesmos um pouco de espaço mental. Quando os líderes fazem escolhas que prejudicam uma organização, seus funcionários ou a comunidade, isso não ocorre por falta de QI: na maioria das vezes, é resultado de uma agenda sobrecarregada e de toda uma existência conduzida em piloto automático, o que leva a decisões tomadas de forma negligente ou por simples reação automática. É importante, ainda, que os indivíduos que desempenham papéis de liderança ajudem os funcionários de todos os setores hierárquicos de sua organização a compreenderem que eles também têm capacidade de liderar, de influenciar os outros e de tomar boas decisões se forem capazes de perceber com mais atenção cada momento de seu dia. Para usar as palavras de Parker Palmer: "Um líder é uma pessoa dotada de um grau incomum de poder para projetar sobre os outros a sua sombra ou a sua luz". Todos nós temos o potencial de personificar esse "grau incomum de poder". Então, que tipo de líder é você? Está projetando sombra ou luz?

# CAPÍTULO 3

## Atenção plena e excelência em liderança

*Liderança é mais que títulos, cargos ou organogramas. Liderança é uma vida que influencia outra.*

John C. Maxwell

Bem no início de uma sessão semanal de liderança consciente, David, recém vice-presidente de uma multinacional, compartilhou com os outros participantes a primeira lição que aprendeu sobre a importância de manter-se atento a suas ações como líder.

> Estava indo para o escritório um dia de manhã e topei com dois engenheiros que trabalhavam na minha divisão. No elevador, trocamos alguns comentários sobre o frio que fazia, e eu então contei que acabara de participar de um debate acalorado, em uma rádio, sobre um possível método de redução do consumo de combustível. Logo depois, eles desceram do elevador no andar onde trabalhavam e eu não pensei mais no assunto. Para minha surpresa, três semanas depois, o diretor daqueles dois engenheiros veio todo orgulhoso me apresentar uma análise detalhada das questões que os especialistas levantaram no rádio, e os custos e benefícios potenciais para a nossa empresa. Fiquei muito envergonhado! Estava apenas jogando conversa fora, naquele outro dia. Não tinha intenção de fazê-los perder tempo e recursos pesquisando o assunto. A análise, claramente, tinha-os desviado de outros trabalhos mais urgentes e importantes.

David sentiu na pele o efeito cascata que os lideres exercem, para o bem ou para o mal. O impacto daquela conversa no elevador foi involuntário e relativamente inofensivo, mas é sempre bom lembrar que tudo aquilo que fazemos ou deixamos de fazer exerce impacto sobre os outros. Isso vale para todo mundo. E na condição de líderes, então, exercemos um impacto potencial ainda maior que as outras pessoas. Quando não usamos completamente nossas capacidades, ou quando prestamos atenção apenas parcial no que está ocorrendo, aumentam as chances de cometer um erro por distração ou de deixar passar alguma oportunidade. O noticiário está repleto de exemplos de liderança desatenta: atos intencionais ou não intencionais que causam malefício.

Na verdade, todos nós já vivenciamos alguma situação em que um ato ou uma omissão que pareciam insignificantes provocou um impacto desproporcionalmente grande. Não é mesmo? Talvez uma observação feita de passagem três anos atrás e que impactou de forma profunda a autoestima de um amigo. Ou uma pergunta feita em tom de irritação a um subordinado, o que fez com que ele a considerasse inadequada e que, por isso, incomodou-o por várias semanas, tornando-se tema de chacota na hora do almoço entre colegas de trabalho.

Está claro que precisamos ter consciência de como nossos atos, mesmo os menores, podem irradiar pelo mundo, causando danos ou grandes benefícios. Mas como cultivar a habilidade de liderar com mais consciência, de liderar com excelência, tirando o máximo de benefício do fato de nossas ações poderem irradiar-se para muito além de nossa esfera de influência imediata?

Para responder a essa pergunta, comecemos com uma breve reflexão sobre o que entendemos por excelência em liderança.

**(Para acessar uma versão em áudio da meditação a seguir, bem como de outras práticas apresentadas neste livro, visite o *site* www.FindingtheSpacetoLead.com/meditacoes-reflexoes, onde você pode ouvir ou baixar as gravações. No texto, o símbolo ▶ indica que existe uma gravação correspondente ao trecho.)**

## Breve reflexão sobre excelência em liderança

Inicie esta reflexão sentando-se confortavelmente e fechando os olhos. Procure perceber as sensações da sua respiração. Deixe a mente se livrar das distrações.

Quando estiver pronto, traga à mente alguém que você acredita que personalize a excelência em liderança. Pode ser alguém que você conheça pessoalmente ou um líder sobre quem você leu.

A seguir, concedendo-se algum tempo para que as respostas possam surgir naturalmente, faça a si mesmo as perguntas abaixo:

- Por que essa pessoa me veio à mente?
- O que há de especial na maneira como essa pessoa lidera, a ponto de eu me lembrar dela quando pensei no tema da excelência em liderança?

Seja paciente. Conserve a pergunta em sua mente com um senso de abertura e curiosidade, mas não precisa pensar nela exaustivamente.

Deixe de lado a primeira ou a segunda resposta para ver se lhe vêm à mente mais qualidades.

Quando abrir os olhos, talvez você considere útil escrever as respostas em uma folha de papel antes de continuar lendo.

Ao ler mais atentamente as respostas que você deu, talvez tenha percebido que nelas não estavam incluídos muitos dos fatores tipicamente utilizados nas empresas para avaliar a qualidade da liderança. Por exemplo, provavelmente não escreveu ali nada parecido com "cumpre as metas trimestrais com regularidade" como uma das razões por que admira aquela pessoa e a considera como alguém que exerce com excelência sua função de líder. Em vez disso, em sua lista devem ter figurado algumas das qualidades enumeradas por outros líderes que realizaram essa mesma reflexão e compartilharam suas respostas comigo:

Respeitoso
Cabeça aberta
Compassivo
De ideias claras
Capaz de inspirar
Sabe ouvir
Criativo
Paciente
Colaborador
Gentil
Sabe ensinar

Não é que não seja importante cumprir as metas trimestrais. Claro que é. Entretanto, o que faz as pessoas se destacarem como líderes é algo que está muito além das meras métricas quantitativas. A partir de minha experiência trabalhando como executiva de uma grande empresa e ensinando liderança consciente, descobri que as qualidades mencionadas em resposta a esse exercício advêm das experiências pessoais mais profundas. Ao fazer essa reflexão, costumamos trazer à mente pessoas que nos tocaram, nos inspiraram e nos fizeram percebê-las como líderes de verdade. Essas qualidades todas podem ser reduzidas a duas habilidades extraordinárias de liderança, as quais são personificadas por aqueles que são reconhecidos como líderes de excelência.

A primeira delas é a *habilidade do líder para conectar* – conectar-se consigo mesmo, com os outros e com a sociedade mais ampla.

Conectar-se *consigo mesmo* é manter-se conectado aos seus valores e à sua ética. É o leme com que nos guiamos no meio do caos.

A profundidade com que nos conectamos com os *outros* de maneira autêntica marca a diferença entre aquele tipo de ambiente organizacional onde se valoriza a inclusão e aquele que é insular, que permanece dividido em bolhas quase sem comunicação umas com as outras. É essa inclusão que dá o tom em um ambiente de trabalho em que as pessoas são respeitosas e colaborativas.

Por último, conectar-se com a *sociedade* é saber ter visão de conjunto e não se deixar prender pelas minúcias de um objetivo único. É através dessa conexão mais abrangente que as grandes organizações dão sentido à sua própria existência e inspiram seus funcionários. No exemplo do *recall* do chocolate no Capítulo 1, a capacidade de os líderes manterem-se conectados a si mesmos, a cada um dos outros e aos consumidores ajudou-os a fazer a escolha certa.

A segunda é a *habilidade do líder para implementar ou dirigir processos de mudança com discernimento.* A palavra mais importante aqui é *discernimento* – liderar, não simplesmente dando ordens e controlando as pessoas, mas colaborando e escutando com abertura e curiosidade, bem como, muitas vezes, vontade de viver em meio à ambiguidade até que se torne clara a melhor decisão. É também essa habilidade que alimenta a disposição do líder para defender uma posição mais ousada, guiar a organização por caminhos novos e aceitar os fracassos tomando-os como experimentos que proporcionam aprendizado.

Se analisarmos com mais profundidade essas duas habilidades, encontraremos *quatro princípios fundamentais da excelência em liderança*: foco, clareza, criatividade e compaixão. Embora seja possível conceber outras condutas ou características típicas dos grandes líderes, essas quatro, pela minha experiência, são as "indispensáveis". A ausência de uma ou mais delas põe em sério risco nossa habilidade de estabelecer conexões ou de implementar e dirigir processos de mudança com discernimento.

## Os fundamentos da excelência em liderança

Esses quatro fundamentos da excelência em liderança – foco, clareza, criatividade e compaixão – são qualidades que se originam na mente e no coração e que podemos cultivar pelo treinamento em liderança consciente. Consideremos cada um deles em separado.

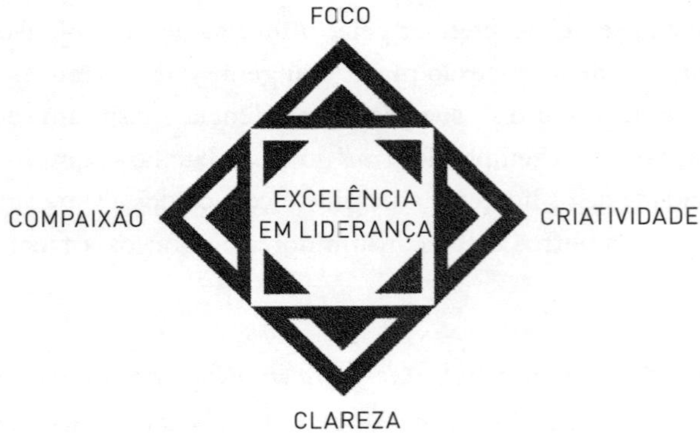


*Foco*

Tenho ouvido cada vez mais as pessoas me falarem sobre o quanto têm de lutar para manter o foco. Tanto no ambiente de trabalho como nas escolas de negócios, todos começam a perceber a dificuldade de manter a atenção. Recentemente, um professor de uma escola de negócios de ponta me procurou para sondar a possibilidade de oferecer treinamento em liderança consciente a seus alunos, pois eles tinham muita dificuldade de acompanhar o cronograma de leituras. Talvez você tenha percebido que ultimamente precisa, com cada vez mais frequência, reler documentos, ou que gasta muito mais tempo do que havia previsto para ler um documento inteiro. É difícil manter-se concentrado em um artigo, em um projeto ou mesmo em uma conversa. Não raro, mesmo quando estamos prestando atenção, percebemos que o pensamento vagueia, distraindo-se com praticamente qualquer coisa que surja, inclusive ele mesmo.

Quais serão as consequências dessa concentração oscilante?

Quando estamos distraídos, perdemos em produtividade. Por exemplo, você reserva uma hora para sentar e escrever um relatório sobre um novo projeto. Logo, porém, sua mente se distrai com o som que anuncia que chegou uma mensagem ou um e-mail. Você não consegue deixar de desviar a atenção e lê-lo. Como num passe de mágica, cinco minutos já se passaram enquanto você escrevia uma resposta rápida ou simplesmente entrava no Facebook ou no LinkedIn para ver as novidades. Para piorar as coisas, quando enfim retorna ao relatório, precisa de um tempo para trazer a mente de volta ao ponto em que tinha parado, relendo algumas coisas que já tinha lido, só para aquecer de novo. Essa reinicialização toma tempo e interrompe a onda de concentração constante de que necessitamos para mergulhar com mais profundidade em questões estratégicas complexas e oportunidades em potencial.

A produtividade também cai quando perdemos a concentração durante uma conversa ou reunião. Quando isso acontece, também há perda de conexão pessoal. As conexões que formamos quando estamos totalmente presentes – e, portanto, escutando de forma plena os outros – podem fazer toda a diferença para que alguém que estamos liderando saia de um encontro sentindo que foi de fato ouvido em vez de desrespeitado.

Talvez você se pergunte se uma pessoa, ao falar com você, é capaz de notar que sua mente está dispersa. Será que os outros conseguem perceber que perdemos o foco e que nossa mente vagueia pensando na próxima reunião, mesmo quando mantemos contato visual e mexemos a cabeça de vez em quando? Claro que percebem. Basta buscar na memória aquela ocasião em que você precisou dizer algo importante à sua diretora e sentou-se do outro lado da mesa dela para falar. Ela olhava diretamente nos seus olhos e de vez em quando balançava a cabeça e sorria, mas mesmo assim você saiu da sala com a nítida impressão de que ela não o estava ouvindo de verdade. Como será que você soube? Soube porque o tipo de foco que dirige toda a nossa atenção àquilo que está sendo dito é uma conexão que a pessoa que está falando consegue sentir. Quando sua mente vagueia por um período maior de tempo, essa conexão se perde.

Quando começamos a trabalhar as práticas da liderança consciente projetadas para fortalecer a concentração, aprendemos a perceber quando a mente se dispersa do momento presente e a trabalhar com ela de modo a redirecionar nossa atenção, trazendo-a de volta ao aqui e agora. Com o tempo, tornamo-nos cada vez mais rápidos para perceber esse vaguear da mente. Desenvolvemos em nossa mente a capacidade de buscar e manter a concentração. Com isso, melhoramos também nossa habilidade para nos conectar com os outros e, consequentemente, para dirigir nossa plena concentração às questões e oportunidades.

### *Clareza*

Na constante atribulação do mundo dos negócios, muitas vezes mudamos de um assunto para outro com tanta rapidez que nem chegamos a ver claramente o que está diante de nós. Vemos apenas o que supomos ver, o que esperamos ou o que queremos ver.

Quantas vezes deixamos de usar a capacidade que temos para desafiar nossos pressupostos e ver o que realmente está diante de nós!

Gordon MacKenzie, da Hallmark, especialista e pioneiro em inovação e autor do livro *Orbiting the Giant Hairball* [Orbitando a grande bola de cabelo], explica esse tipo de cegueira como a crença em um modelo:

> Quanto mais acreditamos que um modelo é a realidade, mais rígido se torna esse modelo. E quanto mais rígido ele se torna, mais nos confina. Há uma sensação de segurança nisso tudo, a segurança que sentimos por estarmos contidos no campo do "conhecido" e, portanto, protegidos da ameaça do desconhecido. O paradoxo dos modelos reside no fato de que, ao mesmo tempo que geram uma sensação de coesão por fornecerem fundamentação (no "conhecimento"), podem, se utilizados de maneira pouco consciente, tornar-se anestésicos viciantes para a dor que sentimos diante de um universo inescrutável e, desse modo, distanciar-nos ainda mais da realidade externa, que é a esfera das infinitas possibilidades.

Aprender a parar o suficiente para perceber quando estamos preso a um modelo ou quando estamos em modo reativo, essa é uma parte do treinamento em liderança consciente com a qual desenvolvemos nossa capacidade de ver claramente o que está diante de nós – as questões e as oportunidades – e de *escolher* como responder, o que pode significar desafiar o modelo. Às vezes, a clareza nos ajudará a decidir que a resposta certa a uma situação é não fazer nada, pois há ocasiões em que, apesar de nossa tendência a sempre agir, a decisão mais sábia é esperar para ver o que vai acontecer.

Cultivar nossa habilidade para desenvolver maior clareza é algo que diz respeito não só a enxergarmos claramente os acontecimentos e o ambiente à nossa volta, mas também a nos vermos melhor. Conforme começamos a perceber, por exemplo, as reações que temos perante certas situações e as diversas maneiras por meio das quais nossos condicionamentos e nossa educação podem estar excluindo de nosso campo de visão uma parte do que precisamos ver, não raro descobrimos coisas importantes. E essas descobertas podem nos levar a grandes mudanças.

Kevin era um empreendedor de sucesso. À medida que se aperfeiçoava no aprendizado da liderança consciente, começou a ver, segundo suas próprias palavras, "como a visão que eu tinha de mim mesmo impactava meu modo de liderar. Quando me sentia aquém de minhas próprias expectativas, costumava achar que todos à minha volta estavam assim também. Quando finalmente consegui ver como esses pensamentos afetavam o modo como eu exercia a liderança, a força que eles exerciam sobre mim começou a diminuir e eu comecei a mudar". Durante o processo que o levou a perceber sua postura negativa para consigo mesmo e a questionar o valor de tal conduta, Kevin também conseguiu enxergar que, em certas ocasiões, as críticas negativas que fazia aos outros eram injustificadas e ofensivas.

Ao passo que o mundo encolhe, os mercados se globalizam e os recursos se tornam mais escassos, o antigo manual de instruções deixa de servir. Precisamos, então, de líderes capazes de enxergar claramente o que está diante de nós, não uma versão imaginada ou histórica do que está diante de nós. Só assim é possível fazer as escolhas certas quanto a como proceder. Precisamos de líderes que tenham consciência de quais são seus filtros e condicionamentos pessoais. É preciso que eles percebam a voz que os critica desde dentro, o medo que sentem diante do desconhecido, o desconforto que toma conta deles diante da possibilidade do risco, o temor que sentem de falhar e a propensão de buscar a segurança dos velhos modelos. Durante esse processo de autoexame, os líderes encontram sua autenticidade e sua habilidade para trabalhar sabiamente com os colegas de modo a implementar mudanças. Para alcançarmos nosso objetivo de liderar com coragem e integridade, precisamos de um novo manual, fundado na capacidade de enxergar o ambiente atual.

### *Criatividade*

Como aponta William Duggan, da Escola de Administração da Universidade de Columbia, em seus livros *Strategic Intuition* [Intuição estratégica] e *Creative Strategy* [Estratégia criativa], as centelhas de criatividade são um elemento central do processo de inovação, e pesquisas recentes no campo da neurociência demonstram que a criatividade acompanha uma desaceleração do cérebro e que "a presença de espírito proporciona ideias melhores". Da mesma forma, segundo observa Debra Kaye em *Red Thread Thinking* [Linha vermelha de pensamento], suas pesquisas a levaram à conclusão de que precisamos abandonar periodicamente o "foco baseado no cumprimento de tarefas", pois só assim nos sobra um pouco de tempo para podermos atinar com uma nova conexão ou associação. O cérebro criativo anseia por esse espaço. Mas, quando temos uma agenda entupida de reuniões e uma lista de afazeres que se prolonga por várias páginas, o espaço que reservamos à criatividade é mínimo.

Soluções e ideias criativas têm mais chance de surgir quando a mente não está constantemente ocupada com listas de afazeres. Já notou que estabelecer um prazo para a apresentação de uma solução criativa é uma atitude muito menos frutífera que abrir mais espaço na agenda do dia de modo a dar à mente mais tempo para ser criativa?

Quantas vezes acordamos de manhã com a resposta para um problema ou atinamos com ela durante o banho! Para que as soluções criativas e inovadoras aflorem, a mente precisa de um pouco de tempo para desvencilhar-se de todo o pensamento analítico que a oprime.

Mas por quê?

Na verdade, um fluxo constante de pensamentos está sempre na frente da sabedoria que reside no fundo de cada um de nós, daquilo que aprendemos e experimentamos ao longo do tempo e que guardamos porque era importante. Quando estamos sempre na correria, esse valioso recurso que desenvolvemos e herdamos permanece fora do nosso alcance, enterrado sob a avalanche de distrações do presente.

A boa notícia é que podemos treinar a mente para adotar uma relação diferente com esse fluxo constante de pensamentos. Nesse processo, é possível abrir mais espaço para a criatividade.

### *Compaixão*

A compaixão nasce da compreensão do sofrimento e do desejo de aliviá-lo. A empatia com que nos conectamos ao sofrimento alheio às vezes é tida como sinônimo da compaixão. Porém, no meu entendimento e segundo a minha experiência, a compaixão genuína transcende a empatia. A mente capaz de compaixão reconhece que a empatia nasce da compreensão de que todos nós compartilhamos da mesma condição humana. A compaixão nos lembra que, quando vemos uma pessoa sofrer, o que nos separa dela são apenas as tênues linhas do tempo e da circunstância, e com isso sentimos o impulso de aplacar o sofrimento.

Na medida em que cultivamos nossa capacidade inata para a compaixão, também começamos a ver que talvez estivéssemos virando as costas ao sofrimento, mesmo sendo capazes de aliviá-lo de algum modo. Esse virar de costas significa também negar-se a enxergar que, na verdade, podemos até estar gerando sofrimento, nos outros e em nós mesmos. Quantos pais já não foram incapazes de perceber a dor que uma observação crítica pode gerar em um adolescente? É difícil aliviar o sofrimento quando nem sequer enxergamos que somos a causa dele.

O cultivo da compaixão começa pela autocompaixão. Quando adotamos a autocompaixão, dispomo-nos a abrir espaço em nossa vida para ver nosso próprio sofrimento e oferecer a nós mesmos um pouco de amabilidade.

Não foi fácil, para mim, aprender essa lição, e também não é fácil para a maioria dos líderes. Ao longo dos 25 anos em que ocupei cargos de liderança, tive o grande privilégio de trabalhar com pessoas maravilhosas de diferentes setores da sociedade. Eram líderes que trabalham com incrível afinco, com listas intermináveis de obrigações e responsabilidades, e que geralmente se colocam em último lugar nessas listas. Não acreditamos precisar de compaixão. Parece até egoísmo ou autocondescendência esperar tal coisa. Mas todo mundo precisa de compaixão, seja isso óbvio ou não para um transeunte qualquer – e a exemplo do que acontece com outras qualidades associadas ao melhor do ser humano, como o amor e a felicidade, é impossível oferecer compaixão real aos outros se não a oferecermos primeiro a nós mesmos. Fazer isso é parte integrante do processo pelo qual nos conhecemos com mais profundidade e abrimos o coração mais plenamente.

A compaixão nos ajuda a compreender mais a nós mesmos, bem como a entender melhor os outros e as características que todos temos em comum. Ajuda-nos a entender as interligações que existem entre todos os seres humanos e nos estimula a um maior envolvimento com o bem-estar daqueles que nos cercam. Este que é um dos fundamentos da excelência em liderança também representa, não raro, um fator importante quando pretendemos criar um plano para fazer a diferença com o nosso trabalho ou quando desejamos empreender mudanças importantes na maneira como o realizamos. Serve para advertir-nos de que os melhores líderes são aqueles que se põem a serviço dos outros, sem deixar de cuidar também de seu próprio bem-estar. A compaixão é uma poderosa força norteadora para os grandes líderes. Apesar disso, costuma ser mal compreendida e, consequentemente, bastante desvalorizada ou até mesmo excluída do ambiente de trabalho. Que oportunidade perdida!

Já se sabe que podemos desenvolver as capacidades inatas do *corpo* para aumentar nossa força, flexibilidade e resistência. Da mesma forma, através da neurociência, já se sabe também que podemos desenvolver as capacidades inatas da *mente* – incluindo a capacidade desta para concentrar-se em algo, ver claramente, ser criativa e agir com compaixão. Nos capítulos seguintes, você verá como desenvolver uma simples *prática de meditação diária* e adicionar *pausas intencionais* ao seu dia, com as quais conseguirá treinar sua mente para cultivar e fortalecer cada uma dessas capacidades.

Não podemos mais nos dar ao luxo de que pessoas em posições de prestígio exerçam liderança sem usar toda a capacidade de sua mente. Elas precisam das ferramentas e do treinamento imprescindíveis para combater os efeitos da conectividade permanente, da multitarefa e da sobrecarga de informações. Precisamos de um tipo de excelência em liderança que se realize com mais regularidade em um cenário de tipo ganha-ganha-ganha: ganha a empresa, ganham os funcionários e ganha a comunidade.

Em muitos setores empresariais, as organizações já começam a construir esse tipo de cenário. Em vez de campanhas de *marketing* que se resumem a vender mais produtos através de sorteios ou promoções, vemos campanhas que estimulam os consumidores a adquirir produtos e, em troca, a empresa que os vende doa uma parte dos ganhos a alguma entidade sem fins lucrativos, como a American Heart Association, a Nature Conservancy ou a Special Olympics. Essas campanhas são boas para os negócios, inspiram os funcionários e ajudam as ONGs: ganha-ganha-ganha.

Também começamos a ver as empresas buscarem processos de fabricação e embalagens mais sustentáveis. Essas empresas compreendem a natureza do efeito cascata e percebem que os recursos naturais, finitos como são, devem ser administrados cuidadosamente em prol da sobrevivência do ser humano. E descobriram que, muitas vezes, as mudanças que implementam para proteger o meio ambiente também são boas para os negócios. Cada vez mais, os consumidores, por sua vez, são atraídos pelos produtos fabricados por empresas que valorizam o manejo responsável como parte integrante de sua estratégia de liderança. Essas mudanças, contudo, são só o começo – esse tipo de conduta ainda é minoritário. Ainda há muito mais a ser feito, e o desafio de encontrar essas soluções inovadoras muitas vezes exerce grande atração dos bons líderes quando eles têm algum espaço para dar atenção às possibilidades. Cultivando mais espaço através das práticas e aplicações da liderança consciente podemos aumentar a quantidade e a abrangência de projetos como esses, bem como muitos outros cenários de tipo ganha-ganha-ganha ainda por serem descobertos.

Precisamos de mais pessoas capazes de liderar com excelência – com foco, visão clara, criatividade e compaixão. Precisamos de pessoas conectadas consigo mesmas, com aqueles que as rodeiam e com a sociedade. Precisamos de líderes que saibam como desencadear mudanças com habilidade. Precisamos de homens e mulheres que personifiquem a presença de liderança.

Felizmente, nossos líderes – assim como acontece com todos nós – já nascem com toda a matéria-prima de que necessitamos. A capacidade de estar presente é inata. Só precisa ser treinada. Nos retiros e *workshops* do Instituto, que eu e meus colegas ministramos a funcionários e líderes de todo o mundo, ouvimos inúmeras vezes as pessoas dizerem que, graças à experiência e à prática que aprenderam ali, tornaram-se capazes de enxergar um meio mais pleno e verdadeiro de enfrentar as realidades de sua vida.

Mike, um médico de Massachusetts, descreveu sua experiência da seguinte forma:

> O que torna tão especial o treinamento em liderança usando *mindfulness* é que ele não exige que eu seja diferente do que sou, mas me convida a ser realmente quem eu já sou.

Na qualidade de líderes, a maior chance que temos de influenciar de maneira inovadora e autêntica é tornando-nos plenamente conscientes de quem somos e, só então, enxergando com clareza o que nos cerca. Quando conseguimos fazer isso, quando conseguimos mudar a relação que mantemos com o nosso mundo dessa maneira dinâmica, não há limites para o impacto positivo que podemos exercer. Nossos atos, por menores que sejam, podem mover montanhas.

## SEGUNDA PARTE

# PRÁTICAS DE MEDITAÇÃO PARA LÍDERES

# CAPÍTULO 4

## Almofadas, mente vazia e outros mitos

*Prestar atenção, este é o interminável trabalho que nos cabe.*

MARY OLIVER

Uma busca por *mindfulness meditation** no Google trará milhões de ocorrências, dentre as quais encontraremos uma verdadeira enxurrada de definições e um excesso de técnicas para o aprendizado da atenção plena. Então, o que exatamente significa treinar a atenção plena no contexto deste livro?

Uma vez que são muitos os mal-entendidos em torno da meditação e da atenção plena, comecemos por enumerar aquilo que não estamos querendo dizer.

O treinamento da atenção plena não é:

Uma religião.
Uma técnica para esvaziar a mente de todo o pensamento.
Um método esotérico que envolve canto e incenso.
Uma técnica de relaxamento.
Um treinamento para respirar profundamente.
Um meio de *eliminar* o estresse.

* Em português, o termo costuma ser referido como *mindfulness*, "meditação para a consciência plena" ou "meditação para a atenção plena". (N. do T.)

O treinamento da atenção plena é, sim, um método de desenvolver as capacidades inatas da mente, incluindo aquelas mais diretamente envolvidas no desenvolvimento da excelência em liderança (como vimos no Capítulo 3). O mais fascinante desse treinamento é que suas técnicas são simples (o que não significa que sejam *fáceis*) e sua prática não demanda nenhum tipo de equipamento.

## Instruções básicas de *mindfulness*

1. Sente-se em uma posição confortável permitindo ao seu corpo permanecer imóvel e sentir-se apoiado. Uma cadeira comum, de encosto reto, é perfeitamente adequada. Não é necessário ter uma almofada de meditação, mas você pode usar uma se quiser. Sentar-se sobre um tapete de meditação não fará de você um meditador melhor. Se quiser sentar-se no chão, siga as instruções que eu forneço na seção "Dicas para a meditação diária", na página 55.
2. Escolha um objeto específico e concentre-se nele. Qualquer objeto pode servir de foco para a meditação *mindfulness*, mas de início será mais útil você concentrar sua atenção em algo que seus sentidos percebam facilmente, como a respiração ou os sons à sua volta. (Em capítulos posteriores, falaremos sobre a concentração da atenção nos pensamentos e nas emoções.)
3. À medida que for dirigindo a atenção intencionalmente, procure manter uma postura de curiosidade e abertura à qualquer coisa que você perceba. Não precisa transformar, controlar nem avaliar nada do que for percebendo.
4. Procure perceber quando sua atenção for desviada ou se dispersar e redirecione-a de volta ao objeto. Não é preciso julgar se está se saindo bem ou mal nisso.

Tomemos um exemplo específico para ilustrar uma meditação *mindfulness* que você pode tentar realizar imediatamente.

Escolha um lugar confortável para se sentar.

Repare nas sensações à medida que o ar entra e sai do seu corpo.

Onde quer que você perceba a respiração de forma mais intensa, seja nas narinas, no peito ou no abdome, direcione sua atenção às sensações de toda inspiração e de toda expiração nessa área do corpo.

Quando perceber que sua atenção se desviou – por exemplo, foi parar na sua lista de afazeres ou nas coisas que você pretende dizer a alguém, ou reproduz um filme em sua cabeça – traga-a de volta às sensações da respiração. Não precisa mudar a maneira como você está respirando nem fazer exercícios de respiração profunda. Não há nada que mudar, controlar nem ajustar. Apenas perceba a maneira como o corpo experimenta cada inspiração e cada expiração.

Parece bem simples, não parece? Tente realizar essa primeira prática por dez minutos.

Se você for como a maioria das pessoas, esse pequeno exercício poderá surpreendê-lo um pouco. Mesmo que você se esforçasse bastante para prestar atenção às sensações – por exemplo, no peito, conforme as costelas se expandiam com a inspiração e se retraíam com a expiração – logo sua mente se distraía pensando no jantar de logo mais à noite, ouvindo um som na sala onde estava ou sentindo algum desconforto em alguma parte do corpo.

O que será que você fez de errado?

Nada!

Você teve a oportunidade de conhecer a natureza dispersiva da mente. Mesmo quando queremos nos concentrar e sustentar a atenção nas sensações da respiração, não raro descobrimos que precisamos redirecionar nosso foco permanentemente. No mundo de hoje, a mente se vê constantemente atraída para diferentes direções, de modo que já está condicionada a pular de um ponto a outro. Quase nunca prestamos atenção total às coisas. Vivemos em um estado contínuo de atenção parcial. Portanto, é estranho fazer uma prática em que treinamos o foco em uma coisa só.

O problema desse caráter dispersivo da nossa mente é que, quando precisamos nos manter concentrados em uma questão ou uma conversa mais difícil, muitas vezes descobrimos que é quase impossível fazer isso durante qualquer período de tempo que seja. A maioria de nós jamais teve oportunidade de receber o treinamento necessário ao desenvolvimento da concentração, mas todos podemos tirar proveito dessa técnica – simples e de fácil entendimento – que contribui para cultivar e fortalecer nossa capacidade inata de sustentar a atenção.

Embora sua estrutura fundamental seja simples, a prática em si exige disciplina e autocompaixão: a disciplina para redirecionar repetidas vezes a mente fugaz de volta ao objeto da atenção, e uma igual quantidade de autocompaixão para redirecionar a atenção com amabilidade e sem julgamento de si mesmo.

A tarefa pode se revelar ainda mais difícil a pessoas que já adquiriram o hábito de estar sempre julgando a si mesmas, por terem sido treinadas para cumprir metas. Tente livrar-se do ato de julgar. Procure apenas perceber quando sua mente se afastou do objeto e, então, traga-a de volta. Certa vez, ouvi um professor de meditação dizer que a abordagem correta é análoga ao adestramento de um cão para obedecer a comandos de voz. Quando a atenção do filhote se desvia do exercício de aprendizado, procuramos trazê-la de volta com amabilidade e firmeza. Há algo de lúdico e leve nessa analogia que sempre me agradou. Devemos ser pacientes e amáveis com um filhotinho, mesmo quando o estamos adestrando. Ora, por que então deveríamos agir de forma mais rude conosco mesmos?

Essa é a primeira prática de meditação diária. Arranje um tempo para realizá-la duas vezes por dia. Essa meditação básica será um importante ponto de partida quando você passar a exercícios mais específicos de liderança consciente que lhe demandem o direcionamento e a sustentação da atenção como forma de criar espaço em seu dia e de começar a explorar maneiras de aplicar a prática a diferentes partes da sua vida diária. Todas as práticas que apresentarei aqui nos convidam a estar no momento presente – uma necessidade imprescindível se quisermos cultivar a presença de liderança.

A prática da meditação *mindfulness* requer regularidade e repetição para funcionar. Da mesma forma que os exercícios físicos praticados com constância desenvolvem a capacidade inata do corpo para ser forte, flexível e resistente, é pela prática diária da meditação que desenvolvemos a capacidade de nossa mente para ter mais resistência, clareza e poder de reação. Agora, antes que seus pensamentos comecem a lhe dizer: "É impossível acrescentar mais alguma coisa à minha agenda", pergunte a si mesmo se não há um período de dez minutos na sua manhã e mais dez ao longo do dia que você gaste em algo menos útil que o desenvolvimento de sua mente. Será que não pode abrir mão de alguma coisa e, assim, criar espaço na sua agenda para uma prática diária de meditação? Se você for como a maioria dos líderes altamente eficientes que já tive a oportunidade de conhecer, pode ser útil adverti-lo de que, quando cultivamos a presença de liderança pela prática da atenção plena, não apenas ajudamos a nós mesmos, mas também nos preparamos melhor para ajudar os outros.

## Dicas para a meditação diária

1. Meditar dez minutos duas vezes ao dia, todos os dias, é muito melhor que meditar somente aos sábados durante uma hora. A frequência é o mais importante.
2. Se achar difícil demais permanecer sentado e imóvel por dez minutos, tente fazer uma caminhada ou algum outro tipo de exercício antes da meditação.
3. Se for sentar-se em uma cadeira, fique com a planta dos pés no chão e com a coluna, o pescoço e a cabeça retos. Deixe as mãos pousadas confortavelmente no colo.

4. Se quiser sentar-se no chão, você pode usar um lençol dobrado, com um ou dois travesseiros sobre ele, ou então usar uma almofada de meditação. Cruzes as pernas e sente-se na metade da frente da almofada, inclinando a bacia levemente para a frente de modo que os joelhos se movam com mais facilidade até apoiarem-se no chão. Posicione as mãos sobre as pernas confortavelmente. (Se esse procedimento causar desconforto, medite na cadeira! Lembre-se: Usar uma almofada de meditação não fará de você um melhor meditador).
5. Se deixar de meditar por um dia ou por vários até, comece de novo. Para isso, você só precisa dos próximos dez minutos.

Durante um retiro de liderança consciente que ministrei recentemente, Maria, uma engenheira no meio de carreira, suspirou bem alto ao fim de uma sessão de meditação que fizemos no fim da tarde. Quando lhe perguntei se queria nos dizer alguma coisa, ela respondeu que se sentia frustrada porque não estava conseguindo realizar a prática. Em seguida, explicou que, na sessão da manhã, tinha conseguido sustentar a atenção na respiração por longos períodos, redirecionando-a apenas de vez em quando. Mas naquela tarde, durante a prática, percebeu que sua mente se distraía constantemente e aquilo era "horrível". Sua atenção era desviada por pensamentos sobre a família, sobre um novo compromisso com que estava preocupada e, às vezes, pelo simples ruído da tosse dos outros participantes que estavam na sala.

Mais uma vez, eu lhe disse que uma das instruções para a meditação *mindfulness* era perceber quando a mente se distraísse e então trazê-la de volta ao objeto escolhido como foco da atenção – naquele caso, as sensações da respiração. Perguntei-lhe se estava praticando isso, ao que ela parou por um momento e respondeu: "Sim, mas é que eu pensei que esta sessão seria como a de hoje de manhã, em que havia menos pensamentos desviando minha mente. Eu gostei tanto daquele sentimento de amplidão espacial. Queria voltar a ele".

A frustração de Maria tinha suas raízes no fato de ela ter criado expectativas sobre como a experiência deveria ser, o que pode prejudicar nossa intenção de desenvolver uma prática diária de meditação. O que, segundo ela, poderia ser definido como uma meditação "horrível" era simplesmente o estágio de atividade em que a sua mente se encontrava naquele momento. Não havia nada de horrível em sua prática. Ela presumiu que o exercício de meditação deveria ser igual toda vez que fosse realizado. Mas isso não é o que acontece. Treinamos a mente para perceber quando a atenção se dispersa para, então, redirecioná-la. O exercício é redirecionar. É assim que começamos a treinar para sustentar a atenção em outros momentos do dia nos quais não estejamos praticando a meditação. Em vez de achar que não podemos fazer nada quanto à propensão da mente para sonhar acordada, ou pensar nas atividades domésticas quando estamos no trabalho ou no trabalho quando estamos em casa, aprendemos a perceber quando estamos fisicamente em um lugar, porém mentalmente em outro. E o que é mais importante: aprendemos a redirecionar nossa atenção trazendo-a de volta ao momento presente. A mente dispersiva que conhecemos durante as sessões de meditação é a mesma mente ativa que está conosco ao longo de todo o dia. Através da prática da atenção plena, você pode fortalecer sua capacidade de prestar atenção e aprender mais sobre o que significa estar presente.

## Meditação na cadeira do escritório

A maioria de nós, executivos, desperdiçamos muito tempo sentados atrás de uma mesa de escritório. Pelos quinze anos em que fui executiva da General Mills, de fato, passava a maior parte do tempo sentada em uma cadeira, fosse em minha sala, em salas de reunião ou na sala de algum colega. Parecia natural, portanto, desenvolver uma prática de meditação que as pessoas pudessem fazer enquanto estivessem sentadas trabalhando.

Se você for capaz de encontrar, ao longo de seu dia de trabalho, dez minutos durante os quais possa ficar em um lugar relativamente calmo, a meditação em uma cadeira de escritório pode ser uma de suas duas sessões diárias de meditação de dez minutos. Mas talvez seja preciso criatividade para encontrar um lugar calmo. Para muitos dos participantes de meus retiros, a melhor maneira de realizar essa prática foi abandonando sua sala pessoal e procurando uma sala de reuniões vazia, ou até mesmo saindo do prédio e indo sentar no banco do carro durante o horário de almoço. A parte do título que diz "cadeira do escritório" não precisa ser tomada literalmente. Essa meditação pode ser feita em qualquer lugar onde você consiga ficar sentado em paz e praticar – até mesmo em uma poltrona de avião.

Inicie esta meditação concentrando nas sensações da sua respiração. Quando estiver pronto, dirija sua atenção às plantas dos pés, abrindo a mente para quaisquer sensações que puderem ser percebidas aí. Talvez você sinta a pressão das solas dos pés no chão, bem como o peso de suas pernas descansando sobre os pés, ou talvez sinta calor ou frio na região. Apenas tente perceber. Não há necessidade de julgar nem analisar nada. Se a mente for desviada por outro pensamento ou simplesmente começar a divagar, traga de volta sua atenção, com firmeza e amabilidade.

Então, conduza sua atenção até a parte de cima dos pés, depois até os tornozelos, as pernas, os joelhos e assim por diante. Vá escaneando todo o corpo gradualmente, percebendo as sensações e os desconfortos, e registrando as áreas onde não há sensações perceptíveis. Pode ser que não perceba, por exemplo, nenhuma sensação nos seus ombros neste momento. Não precisa procurar sensações. Continue escaneando o corpo apenas pelo tempo que for necessário e com a mente aberta.

Essa segunda prática de meditação diária é mais uma maneira de cultivar nossa capacidade de prestar atenção. Além disso, é muito útil para assimilarmos mensagens importantes que o corpo nos transmite e que, muitas vezes, ignoramos ou não compreendemos inteiramente. Essas mensagens se encaixam em duas categorias. Em primeiro lugar, absorvemos informações sobre nosso bem-estar físico, o que exploraremos ainda neste capítulo. Em segundo lugar, captamos informações sobre nossas emoções, o que exploraremos no Capítulo 12.

Quando examinamos nosso corpo, percebemos os mais variados tipos de sensações, inclusive áreas que estão tensionadas, machucadas ou doloridas. Às vezes, também se pode ter uma sensação mais generalizada de sonolência ou enfermidade. Para muitas pessoas, essas descobertas são surpreendentes, seja pelo simples fato de as sensações estarem lá, seja pela intensidade com que se manifestam. Essas sensações, no entanto, são a linguagem do corpo e, quando prestamos atenção nelas, podemos ouvir com mais clareza o que o corpo está dizendo. Com efeito, nós, seres humanos, não apenas temos a capacidade de perceber as sensações utilizando os receptores nevrálgicos da pele como também somos capazes de interocepção, ou seja, sentir os sinais emitidos do *interior* do corpo. Mas, se tais capacidades estão embutidas em nós, por que não escutamos essas mensagens com mais frequência?

Há muitas respostas possíveis para essa pergunta. Talvez a existência que levamos, sobrecarregada de compromissos e desprovida de pausas, não deixe espaço para prestarmos a devida atenção – se quisermos cuidar bem de nós mesmos. Ou, talvez, por causa da tendência que temos a querer fazer as coisas com perfeição, nos reste pouco tempo para adoecer. Muitos de nós, ao longo de nossa luta por conquistar a excelência, aprendemos a sempre dar duro e abstrair a dor. Qualquer que seja o motivo, o fato é que, quando pergunto aos líderes que reúno em meus eventos quantos ali já perceberam que só adoecem nos fins de semana ou nas férias, a sala se transforma em um oceano de mãos levantadas. Por que isso acontece? Talvez porque, nesses pequenos períodos de ócio, as mensagens corporais que foram abafadas durante a semana tiveram a chance de ser ouvidas. Se pararmos um pouco para analisar essa questão, é fácil perceber que, quando ignoramos as sensações durante muito tempo, o corpo pode continuar aumentando o volume até que não seja mais possível calá-lo. Quando a coisa chega a esse ponto, o resultado pode ser o surgimento de um problema bem grave de saúde.

Diante de tudo isso, a meditação na cadeira do escritório é um meio de que podemos nos valer para visitar nosso próprio corpo e escutar suas mensagens. Com as informações que assim reunimos, podemos fazer algumas escolhas simples no que diz respeito a cuidar de nós mesmos – como alongar um pouco mais para aliviar uma dor nas costas, modificar os períodos de sono para diminuir um cansaço que nunca passa ou fazer adaptações na dieta para acabar com uma gastrite. Sob esse ponto de vista, a meditação na cadeira do escritório pode ser considerada um *check-up*, ou melhor, um *check-in* de dez minutos.

## Como criar uma prática diária personalizada de meditação

Pegue sua agenda agora mesmo e anote nela as duas vezes em que fará a meditação amanhã. Não precisa pensar nisso como um compromisso para o qual você terá de achar um espaço na agenda para o resto da vida. Apenas consiga um tempo (duas sessões de dez minutos) para a prática amanhã. Um dia de cada vez é a melhor maneira de começar. Decida se vai meditar com sua respiração ou com os sons do ambiente, ou se vai fazer a meditação na cadeira do escritório. Qualquer uma dessas combinações serve. Se achar mais confortável realizar apenas a respiração todas as vezes, tudo bem. Se quiser alternar fazendo com a respiração em uma das sessões e com o rastreamento do corpo em outra, tudo bem também. Crie uma prática diária que funcione para você.

Seja gentil com a sua prática. Você está começando um treinamento novo. É o mesmo que acontece quando começamos um novo programa de exercícios físicos: introduzir um novo programa de treinamento para a mente exige compromisso e disciplina, e haverá ocasiões em que você simplesmente terá de começar de novo. Seja corajoso e desfrute das descobertas que fará a respeito de sua mente e do que ela é capaz.

# CAPÍTULO 5

# Pausa com propósito

*A música da natureza nunca termina. Seus silêncios são pausas, não conclusões.*

MARY WEBB

Se você for como a maioria de nós, pode ser que tenha se acostumado tanto a estar sempre ocupado – sempre transitando entre reuniões, telefonemas e conversas – que, na maior parte do tempo, mantém atenção apenas parcial, ou às vezes até mesmo nula, a qualquer coisa que seja.

O que nos acomete hoje em dia é uma epidemia nacional – se não mundial – de atenção parcial em caráter contínuo. Passamos a maior parte da vida, ou toda a vida, no piloto automático. Começamos a acreditar, então, que é assim que as coisas têm de ser neste mundo acelerado e repleto de distrações no qual vivemos; e que, se não vivermos nessa roda-viva que nunca cessa de girar, ficaremos para trás ou fracassaremos.

Mas qual será o custo de viver assim – pessoal e profissionalmente? Os meios de comunicação divulgam, quase diariamente, uma massa crescente de estudos científicos que documentam as consequências fisiológicas e psicológicas negativas do hábito moderno de viver sob pressão. Para nossos propósitos, no entanto, basta investigarmos nossa própria experiência pessoal e a daqueles que nos cercam para sabermos que essas consequências são consideráveis. Quantas pessoas próximas a você tomam remédio para dormir ou antidepressivos? Quantas bebem demais ou valem-se de algum tipo de vício, como o consumismo, a gula e o trabalho em excesso, para combater os sintomas provocados pelo tipo de vida que levam? E com que frequência nos perguntamos como pudemos deixar passar despercebido um fato importante ou como fomos capazes de fazer determinado comentário indelicado? Todos sabemos que somos capazes de viver a vida de maneira mais atenciosa e compassiva, mas tendemos a achar que isso é impossível em meio à velocidade e à complexidade do mundo atual.

Por muitos anos, recolhi, com funcionários de todos os níveis hierárquicos, as impressões que relatavam o antes e o depois de participar do curso de sete semanas sobre liderança consciente e bem-estar. As questões giravam em torno do desempenho no trabalho, e em uma delas pedia-se que o participante fornecesse uma estimativa numérica da frequência da seguinte sensação: "Parece que estou funcionando no modo automático, sem saber direito o que estou fazendo". Incrivelmente, quase 60% dos participantes afirmaram estar nessa situação com muita frequência.

Como diretores de alguma grande empresa, presumindo-se que os funcionários questionados nessas pesquisas tenham um perfil razoavelmente típico nas organizações a que pertencem, que medidas deveríamos tomar? Será que criamos uma força de trabalho já tão acostumada a viver no piloto automático que valores como profissionalismo, qualidade, criatividade, produtividade e até mesmo a dignidade humana mais básica encontram-se em risco? Com que frequência nossos lapsos morais resultam do fato de não estarmos totalmente presentes para enxergar com clareza o possível impacto de nossas escolhas?

Mas e quanto ao seu dia de trabalho? Com quanta frequência você sente que poderia ter feito mais ou melhor se ao menos tivesse um pouco de espaço para respirar? Você se sente assim até mesmo quando cumpre suas tarefas e deixa os outros felizes com o resultado? Por acaso, esse sentimento tem mais a ver com a maneira como os resultados foram alcançados do que com os resultados propriamente ditos?

Conforme observei no Capítulo 1, quando perguntei a diversos líderes qual era a coisa que mais queriam ter em maior abundância, a resposta não foi recursos nem poder.

Foi *espaço*.

Precisamos abrir mais espaço para que possamos descer da roda-viva e nos concentrarmos naquilo que é mais importante em vez de nos deixarmos levar pelas exigências dessa engrenagem barulhenta. Precisamos de mais espaço para podermos celebrar quando nossa equipe apresenta uma solução criativa a um projeto. Precisamos, por fim, de mais espaço para dar apoio aos indivíduos cujo desenvolvimento pessoal está sob nossa responsabilidade. Necessitamos de mais espaço para podermos escutar nossa própria sabedoria.

Para contrabalançar esse sentimento angustiante de estar precisando de mais espaço e de mais tempo, devemos encontrar meios de criá-los. Sua vida não vai se tornar menos complexa tão cedo, e você não precisa que isso aconteça para criar porções de espaço e de tempo no seu dia. É possível conseguir isso fazendo regularmente aquilo que costumo chamar de *pausa intencional*.

## O que é a pausa intencional?

A pausa intencional é aquele momento do dia em que percebemos a agitação e resolvemos, intencionalmente, prestar atenção. Por exemplo, você percebe que, apesar de estar sentado à mesa de reunião, deixou sua mente se lançar em direção ao futuro ou ficar repassando eventos do passado – e mal se dá conta do que as pessoas estão dizendo. Em momentos como esse, você pode se valer de uma prática muito simples para trazer sua atenção de volta à sala: basta dedicar alguns instantes a guiá-la de volta ao presente concentrando-se em sentir sua respiração, ouvir os sons ao seu redor ou perceber as sensações do seu corpo. Não precisa fechar os olhos nem se sentar em posição de meditação. Apenas faça uma pausa intencional.

Uma das coisas que você notará quando fizer a pausa é que sua mente ficará mais tranquila. E por quê? Por que ela agora retornou ao presente e se livrou de todos os pensamentos que a sobrecarregavam e que tolhiam sua capacidade de manter-se no aqui e agora. Só no presente é que podemos perceber nossa respiração, as sensações do corpo e os sons à nossa volta. É impossível perceber sensações no passado. Ninguém consegue ouvir sons de vozes da reunião passada ou o apito do trem no qual voltará para casa no fim do dia. Os movimentos que você sente no peito à medida que suas costelas se expandem com a respiração só são perceptíveis no momento em que ocorrem, durante a respiração que está acontecendo no momento. Quando prestamos atenção intencionalmente às sensações e aos sons, despertamos para o ambiente ao redor e para o que estamos sentindo dentro de nós. Ao atenuarem-se as distrações do passado e do futuro, consegue-se enxergar com maior clareza o que está aqui neste momento e, consequentemente, escolher com maior consciência o que se buscará em seguida.

A pausa intencional é algo que está sempre disponível. Está tão perto de você quanto as sensações do próximo esforço de respiração que o seu corpo fará, ou as dos seus pés tocando o chão. Não é preciso encontrar uma sala vazia ou usar uma almofada de meditação. Onde quer que você se encontre – no meio de qualquer reunião ou telefonema, ou até mesmo caminhando em direção ao local do próximo compromisso – conduzir intencionalmente sua atenção às sensações do corpo é uma maneira muito eficiente de interromper os discursos da mente, aliviando assim os batimentos acelerados ou a sensação de sufoco na garganta, sintomas que podem se manifestar como expressão das reações do corpo aos pensamentos sobre o futuro e o passado. Quando interrompemos o movimento da roda-viva, ainda que por apenas alguns momentos de pausa como aqui se propõe, o corpo e a mente têm a chance de se recompor. Com isso, conseguimos ver as coisas com maior nitidez e tomar providências em vez de simplesmente reagir automaticamente, bem como prestar atenção àquela intuição que se anunciava dentro de nós.

Arthur Rubinstein foi um dos maiores pianistas dos últimos tempos. Já no fim de sua vida, segundo se conta, ele concedeu uma entrevista a uma jovem jornalista. A moça, depois de refletir por um tempo, decidiu que o que mais desejava saber era a resposta a algo muito simples.

Ela lhe perguntou: "Como você faz para que a sua música soe tão maravilhosa?".

A resposta do músico veio prontamente: "Eu toco as notas da mesma maneira que muitos outros pianistas. Mas as pausas... ah, isso faz toda a diferença". A partir da quietude de uma pausa, o momento seguinte flui com mais nitidez, ardor e inspiração. Isso vale para líderes e também para músicos.

Sua capacidade de inserir pausas intencionais ao seu dia a dia de maneira efetiva está diretamente relacionada à regularidade da sua prática meditativa diária. Por exemplo, à medida que for se familiarizando com o esforço de direcionar sua atenção às sensações do corpo, você achará mais fácil mergulhar rapidamente nessas sensações enquanto estiver esperando a hora de apresentar um projeto. Quanto mais você aprender a abrir espaço no automatismo do seu dia com as pausas intencionais, mais será capaz de notar como esses pequenos momentos de atenção plena são capazes de dar outra feição aos momentos seguintes.

## A pausa intencional na prática

Uns dois anos atrás, tive oportunidade de ensinar a prática diária da meditação e a técnica da pausa intencional a um departamento inteiro de uma multinacional cujos diretores haviam identificado o estímulo à inovação como uma de suas maiores prioridades. A partir dos relatos dos funcionários, ficou claro que existia um sentimento generalizado de que o desenvolvimento de uma cultura de inovação mais consolidada exigiria que todos os membros do departamento tivessem mais tempo, mais espaço.

Segundo me disseram, não tinham tempo para conversas informais nem para fazer *debriefings*, análises de projetos recém-implementados ou avaliações de projetos em processo de implantação. Também não tinham espaço para ouvir nem mesmo seus próprios núcleos de ideias para depois discuti-los com os colegas. Estavam sempre saindo de uma reunião e entrando em outra, pulando de compromisso em compromisso, e não sabiam fazer seu trabalho de nenhum outro jeito.

Será que uma abordagem baseada na liderança consciente seria de alguma ajuda?

Isso eu não sabia. Porém, com certeza, estava familiarizada com as realidades cotidianas descritas por aquelas pessoas e tinha percebido mudanças de atitude em mim e nos outros com o desenvolvimento das práticas de liderança consciente. Mas qual seria o impacto dessas técnicas especificamente sobre a questão da inovação? O chefe do departamento estava disposto a tentar algo diferente. Então, eu e os funcionários tocamos em frente.

Começamos realizando uma reunião geral, em que eu expliquei o experimento e apresentei uma prática simples de meditação diária. Embora o grupo estivesse familiarizado com a experiência de se reunir em uma sala de conferências, permanecer em silêncio era novidade. Mesmo assim, alguns instantes depois, a quietude e o silêncio pareciam ter pousado sobre a sala. Essa primeira prática preparava o terreno para explorar novas experiências, começando com o treinamento em liderança consciente e, depois, passando a novos processos e métodos de trabalho que, se tudo corresse bem, gerariam no departamento um ambiente de maior inovação.

Pedi a cada uma das pessoas que abrisse espaço em sua agenda diária para uma prática de meditação de dez minutos. Depois, apresentei a pausa intencional e pedi a cada um que arranjasse dois momentos do dia em que pudessem integrá-la. Criamos um site interno do departamento, onde os participantes poderiam compartilhar ideias para as pausas intencionais, bem como relatar as dificuldades que viessem a ter.

Um mês depois, nos reencontramos para fazer uma meditação em grupo e falar sobre o que eles perceberam ao tentar trabalhar com a mente dessa forma, criando, intencionalmente, pausas e espaços. Primeiro, os participantes falaram sobre como tinham dificuldade para lembrar-se de fazer a meditação diária e as pausas intencionais. No começo, é difícil mudar um hábito. Requer disciplina e intenção. Eles perceberam que era fácil deixar-se levar pelo turbilhão de compromissos e esquecer as práticas no calor do momento. Mesmo assim, também notaram que, quanto mais realizavam a meditação diária, mais aumentava sua capacidade de perceber quando estavam presos nesse turbilhão e, com isso, também aumentava sua habilidade de trazer a atenção de volta ao momento presente por meio da concentração nas sensações do corpo.

Muitos, ao falarem sobre suas descobertas, revelaram-se surpresos por descobrir que tinham dores de cabeça todos os dias ou tensão na cervical. Naturalmente, começaram a se perguntar por que é que tinham essas dores. O que será que poderiam fazer de diferente para diminuir a duração do desconforto ou ainda eliminá-lo?

Também começaram a enxergar a forma rotineira e irrefletida com que viviam seus dias e o impacto exercido pela pausa intencional sobre sua habilidade de manter-se plenamente presentes durante alguma conversa importante com o cônjuge, colega, amigo íntimo ou filho.

"Percebi que meu filho pequeno estava conversando com a fivela do meu cinto, não comigo", disse um engenheiro. Por se dar conta disso, ele se agachou e viu a diferença que isso fazia, isto é, como isso os deixava mais conectados um ao outro durante a conversa. Uma experiente diretora, por sua vez, disse ter percebido que a intenção que tinha de apoiar mais sua equipe estava sendo prejudicada pelo fato de ela nunca estar totalmente atenta ao momento presente. Além disso, ela também começou a perceber que, quando algum de seus subordinados diretos entrava em sua sala, sua mente ainda estava profundamente envolvida com o último e-mail que ela tinha enviado. Por isso, resolveu tirar alguns minutos antes das reuniões para desligar a tela do computador e preparar-se mentalmente fazendo uma pausa intencional. (Mais tarde, em um relatório de *feedback* de 360 graus, os integrantes de sua equipe afirmaram estar se sentindo mais ouvidos e apoiados do que nunca.)

Outra sugestão que dei aos membros do departamento, a título de pausa intencional, foi que evitassem distrações (como telefonemas e música) enquanto estivessem dirigindo para o trabalho e de volta para casa. Disse-lhes que simplesmente prestassem atenção ao ato de dirigir: tentando perceber as ruas, os carros, os sons, as sensações vindas do volante e dos pedais, as muitas vezes em que a atenção se dispersa e assim por diante. Quando experimentam essa prática, as pessoas costumam dizer coisas como: "Não tinha percebido que meu carro está fazendo uns barulhos estranhos; é melhor levá-lo para uma revisão", ou "Faz vinte anos que eu faço esse caminho e nunca tinha notado que, na hora em que estou indo para o trabalho, o nascer do sol é espetacular". Uma jovem mãe notou que a tranquilidade do percurso de carro acabara se transformando no espaço de transição de que tanto precisava para chegar em casa plenamente presente para a família e não mais ouvindo mensagens de voz do trabalho e com a mente ocupada com os itens da lista de afazeres do dia seguinte. Fazer uma pausa durante o percurso entre o trabalho e o lar pode ser uma prática particularmente frutífera. E ainda nos dá uma noção bem precisa do que significa dirigir de forma displicente, como que no piloto automático, o que pode ser uma arma mortífera de quase uma tonelada.

Uma vez consolidada a prática da meditação diária e das pausas intencionais distribuídas ao longo do dia, a diretoria do departamento levou um passo adiante o programa de liderança consciente e começou a concentrar-se mais especificamente no fomento à inovação. Desenvolvemos meios de abrir o espaço que muitos haviam mencionado, o espaço que os permitiria identificar e explorar oportunidades de inovação. Dei um bloco de notas a cada um dos participantes para que o colocassem ao lado de seu computador, e pedi-lhes que reservassem pelo menos meia hora por semana para ser usada como um espaço exclusivamente dedicado a isso. Ao longo da semana, conforme percebessem algo que gostariam de ter mais tempo para explorar, deveriam anotar no bloco. Quando completassem a meia hora prevista para a semana, poderiam retornar ao bloco, escolher um ou mais dos itens anotados e colocá-los em prática. Inspirados em uma das casas do jogo Banco Imobiliário, demos o nome de Parada Livre a essa atividade envolvendo o bloco de notas e o tempo semanal a ele dedicado.

Já jogou Banco Imobiliário? Lembra-se de como ficava feliz quando caía no campo Parada Livre? Era a casa do tabuleiro onde podíamos respirar sossegados, e se você jogasse tanto quanto a minha família jogava, também poderia encontrar alguns tesouros sob a forma de multas que alguém tinha pago em rodadas anteriores. O nome, portanto, nos pareceu muito bom para designar a próxima etapa de nosso programa.

Dentre as diversas anotações que os participantes escreveram em seu bloco de notas, havia desde coisas como "hora de ler algumas pesquisas sem ninguém para me interromper", "hora de fazer *networking* com um especialista de minha área", até "hora de esvaziar minha mesa na sexta-feira para que eu não a veja bagunçada na segunda-feira quando chegar". Vários deles constataram que tinham de sair de sua sala ou nicho durante o tempo dedicado à Parada Livre. Do contrário, aqueles minutos simplesmente desapareceriam, engolidos pela correria do dia de trabalho.

Outros acharam por bem coordenar seu tempo de Parada Livre com os colegas, pois assim teriam um tempo reservado para explorar uma nova ideia juntos. O exercício de reservar um tempo intencionalmente foi crucial para ajudar o grupo a enxergar de que maneira os esforços de inovação poderiam ser beneficiados se as pessoas criassem um espaço de respiro em vez de ficarem esperando que esse espaço surgisse por conta própria de dentro do turbilhão de acontecimentos do mundo do trabalho. O grupo desenvolveu uma habilidade maior para enxergar as oportunidades que poderiam ser extraídas desse espaço de respiro adicional.

Vários membros do grupo contavam histórias em que descreviam como as ideias tinham se tornado mais claras e inovadoras e a produtividade havia aumentado. Por exemplo, um dos diretores contou que sua equipe tentava conceber um nome inédito para uma iniciativa que seria instituída na empresa no ano seguinte. Seis meses já haviam passado sem que ninguém conseguisse vislumbrar uma solução e o prazo final aproximava-se. Em vez de agendar mais sessões de *brainstorming* em grupo, eles decidiram reservar um tempo para que cada um refletisse sobre a questão de maneira individual empregando as práticas recém-aprendidas. Foi então que um dos membros da equipe teve a ideia de um nome interessante, enquanto dirigia silenciosamente rumo ao trabalho. Mais tarde, essa pessoa contou à equipe o quanto se surpreendeu porque o nome lhe surgiu do nada na cabeça, não como resultado de um processo intenso de reflexão e análise, mas no espaço que se abrira quando ele permitiu que sua mente repousasse no momento presente.

Exemplos concretos como esses são muito importantes como prova dos possíveis benefícios diretos dessas práticas em matéria de resultados para a empresa. E os relatos que mostram como as pessoas reagiram a essa nova maneira de trabalhar com a mente são igualmente importantes. Muitas delas se diziam extremamente empolgadas por descobrirem a existência de um treinamento capaz de lhes revelar outra forma de lidar com a agitação de suas complicadas vidas. O treinamento em liderança consciente não lhes exigia que mudassem de vida, que diminuíssem o ritmo ou que trabalhassem menos. Apenas as ajudava a cultivar uma habilidade inata que as permitia escolher de maneira mais intencional a forma como despenderiam seu tempo.

À medida que vislumbravam mais e mais oportunidades de inserir pausas intencionais em seu dia, todos começaram a sentir uma diferença real em sua vida. Com os pequenos progressos que conseguiam, só aparentemente insignificantes, aqueles indivíduos mergulhavam na aventura de descobrir como a vida poderia ser vivida com mais plenitude se não estivessem sempre no piloto automático. Não precisavam opor-se a nada nem abandonar o trabalho a que se dedicavam. Em vez disso, podiam tornar-se mais cientes do aqui e agora, da maneira como encaravam o que estava diante deles e, então, decidir intencionalmente o melhor a fazer depois.

## Instruções básicas para a pausa intencional

Faça, agora mesmo, uma lista de três momentos do dia em que você fará uma pausa intencional. Pode ser qualquer hora do dia ou da noite. Nesses momentos, você deverá concentrar a atenção, intencionalmente, nas coisas que perceber e redirecioná-la sempre que a mente divagar ou se dispersar. Até que as práticas se integrem ao seu dia, talvez seja útil anotar os horários na agenda ou pregar um papelzinho no seu mural ou no espelho do banheiro. Eis algumas sugestões:

- Escove os dentes com atenção plena. Perceba o gosto da pasta de dentes e os sons e a temperatura da água, entre outras coisas.
- Beba com atenção plena o primeiro café do dia. Sinta o aroma do café e a temperatura da xícara. Saboreie a bebida em sua língua.
- Caminhe com atenção plena desde o carro até o lugar onde estiver indo. Sinta o corpo deslocando o ar e os pés tocando o chão. Escute os sons das imediações.
- Dirija com atenção plena de casa até o trabalho ou vice-versa. Dirija, somente. Nada de música ou mensagens de voz. Ouça os sons ao redor. Sinta o volante, os pedais, o estofamento do banco, o toque do ar na pele.
- Almoce com atenção plena. Em vez de ficar navegando na internet ou enviando mensagens de texto, perceba como seu corpo está sendo nutrido. Preste atenção às cores, aos aromas, às texturas e aos sabores da sua comida.

A cada duas ou três semanas, escolha mais um momento do dia para acrescentar outra pausa intencional. Provavelmente, você começará a se sentir cada vez mais tranquilo e energizado. Reservar esses momentos para desvencilhar-se de seu fluxo contínuo de planos para o futuro e não remoer o passado lhe permitirá descansar e recarregar as energias do corpo e da mente.

# CAPÍTULO 6

## Reduzir o ruído, captar o sinal

*O maior elogio que já recebi foi quando me perguntaram o que eu pensava e prestaram atenção à minha resposta.*

HENRY DAVID THOREAU

Quando Beth, diretora sênior de uma grande empresa do ramo de vendas, retornou ao trabalho depois de muitos dias de férias, deparou-se com uma caixa de entrada de e-mails transbordando de mensagens e uma agenda ainda mais cheia que o normal. Por alguns instantes, procurou, entre os diversos compromissos, alguma coisa que pudesse eliminar ou postergar para deixar o dia um pouco menos atribulado, mas seu olhar pousou sobre uma reunião de mentoria marcada para o fim da manhã. Seria uma reunião desafiadora, por isso pensou em empurrá-la para mais tarde e, assim, ter mais tempo para se preparar. Ela se reuniria com uma funcionária de nível intermediário, Catherine, cujo desempenho estava caindo. A queda parecia decorrer mais da atitude de Catherine que de suas habilidades. A moça estava com problemas e o programa de mentoria era a última chance de ajudá-la a melhorar seu desempenho no trabalho. Se Beth falhasse, Catherine seria demitida.

Muitas semanas antes, Beth se oferecera voluntariamente para tentar dar a Catherine essa última oportunidade. Elas marcaram reuniões semanais a fim de determinar tarefas específicas para a semana, as quais seriam avaliadas na reunião seguinte. Como o emprego de Catherine estava em jogo, Beth decidiu que era melhor não postergar o encontro. Deixou-o, portanto, no mesmo horário, reordenou alguns outros compromissos e saiu da sala para ir à primeira reunião do dia.

Como quase sempre acontece, as reuniões começaram a exceder a duração prevista. Na hora de encontrar-se com Catherine, Beth teve de voltar apressada à sua sala. Quando chegou, a moça já a estava esperando. As duas se cumprimentaram e Beth iniciou logo o trabalho perguntando-lhe: "Então, conseguiu cumprir as tarefas?". A resposta de Catherine foi imediata, sem nenhuma explicação: "Não fiz".

Tempos depois, Beth me contou quais foram as reações que percebeu em seu corpo quando ouviu aquela resposta de Catherine. "Eu podia sentir a frustração e a raiva subindo pelos dedos do pé e atravessando todo o corpo. Notei meus pensamentos se dirigindo automaticamente às palavras que eu teria dito em uma ocasião como aquela, coisas como: 'Você não se importa se for despedida? Por que está sendo tão irresponsável?'. E até mesmo: 'Será que você não sabe que eu tinha outros compromissos e tive de remarcá-los só para vir a esta reunião?'"

Entretanto, ela também percebeu que havia algo de errado com a moça. Então, fez uma pausa, deixou-se relaxar e sentir sua respiração por alguns instantes, abandonando aquelas reações de julgamento e questionamento, e deixou sair de sua boca a pergunta: "Você está bem?". No instante seguinte, Catherine começou a chorar copiosamente e acabou conseguindo contar a Beth os trágicos acontecimentos que estavam se desenrolando em sua vida pessoal nos últimos meses. Seu marido tinha sido diagnosticado como portador de uma doença neurológica degenerativa. O prognóstico era terrível, mesmo na melhor das hipóteses. Para piorar, algumas semanas antes, ele decidira abandonar todos os tratamentos. Diante de tudo isso, na semana anterior, Catherine acabara desistindo de tudo também.

Beth e Catherine estabeleceram uma conexão que não teria sido possível se Beth tivesse dado à conversa o tom habitual e, portanto, disparado suas reações de crítica. Ela escutou mais que as simples palavras de Catherine e se importou com ela o suficiente para lhe perguntar como estava e não apenas se tinha cumprido as tarefas. A abordagem de Beth deu a Catherine a confiança de que precisava para se abrir e dizer o que estava acontecendo.

Graças a uma pausa intencional, Beth pôde perceber a sensação de que algo importante pairava no ar sem ser dito. Conforme me disse mais tarde, ela ficou imaginando quantas vezes, no passado, deixara de ouvir o que realmente estava sendo comunicado.

Os engenheiros elétricos têm um grande lema: *reduza o ruído e capte o sinal*. Eis uma definição verdadeiramente sucinta da essência da comunicação baseada na atenção plena.

Às vezes, o ruído são as muitas distrações que impedem nossa mente de prestar atenção plena. Perdemos algo do que está sendo dito porque nossa atenção falha ou é atraída para outro "lugar", mesmo quando estamos à mesa do escritório com os olhos fixos em alguém sentado de frente para nós. Não ouvimos a outra pessoa e, muitas vezes, tampouco ouvimos a nós mesmos. Como vimos no caso de Beth e Catherine, se Beth não tivesse feito uma pausa longa o bastante para interiorizar o que estava sentindo, sua mente reagiria automaticamente e dominaria a reunião – impondo um desfecho bem diferente.

Às vezes, o ruído está em nossa própria cabeça. Quantas vezes você já não percebeu que muito do que se diz em uma reunião é redundante? Perguntamo-nos, então, como aquela pessoa pode ter feito tal pergunta se ela já foi respondida cinco minutos antes, ou como alguém pode ter feito o mesmo comentário que outra pessoa fez dez minutos atrás. Ou então perguntamo-nos se uma pessoa está realmente na mesma sala que nós, quando ela tece um comentário completamente alheio ao que se está dizendo. Qual será o problema? Será que os participantes dessas reuniões simplesmente não estão escutando?

Quando estamos absortos demais planejando o próximo comentário ou a próxima pergunta que faremos, é difícil manter-nos atentos ao que está sendo dito. Quando, a todo esse trabalho de preparação mental, acrescenta-se a necessidade de encontrar uma brecha para se pronunciar em uma reunião na qual todos falam rápido, torna-se quase impossível ouvir, de verdade, e absorver o que alguém está dizendo. Toda essa carga de ruído nos impede de escutar. A perda de produtividade decorrente desse tipo de comunicação desperdiçada pode ser esgotante e onerosa. Ao contrário, quando conseguimos nos manter concentrados nos atos de escutar e de redirecionar a atenção quando esta se perde em meio ao ruído, então captamos o sinal completo. Imagine a eficiência que teríamos se todos se mantivessem atentos durante as reuniões de trabalho? Imagine como essas reuniões teriam mais qualidade se nos déssemos ao trabalho de escutar e, só então, pronunciarmo-nos com sinceridade sobre as questões em pauta. Ainda estou para conhecer um funcionário ou líder que não considere que seus dias têm reuniões demais e que elas demandam muito tempo. Será que o treinamento em comunicação consciente pode ajudar a resolver esse problema?

Gregory Kramer, autor do livro *Insight Dialogue* [Diálogo de introspecção], fornece-nos uma metodologia de comunicação consciente que foi adaptada e, posteriormente, utilizada no treinamento em liderança consciente. O método consiste num processo de quatro passos, os quais podem suceder-se em questão de segundos, tão logo a prática tenha sido devidamente interiorizada.

O primeiro passo é fazer uma *pausa*. Com isso, temos a oportunidade de fazer um *check-in* em nós mesmos. Valendo-se das sensações da sua respiração ou dos seus pés tocando o chão, você pode estabelecer-se no presente de modo a embarcar com todo o seu ser – mente, corpo e coração – no ato comunicativo.

O segundo passo consiste em *abrir-se para o que está aqui, mas o que está aqui realmente, e não o que você imaginava ou esperava encontrar aqui*. Esse passo talvez lhe pareça fácil, mas pode ser o mais difícil. Em cada encontro de que participamos, trazemos conosco todas as nossas experiências de vida. Muitas vezes, portanto, entramos em uma conversa alimentando expectativas que podem nos impedir de ouvir o que alguém está dizendo. Na qualidade de líderes, pode ser que carreguemos conosco tamanha obrigação de cumprir metas e mostrar resultados que essa pressão pode afetar nossa capacidade de escutar mensagens inesperadas. No mundo de hoje, as mudanças são rápidas e a qualquer momento podemos nos descobrir diante de condições diferentes daquelas com que estávamos acostumados. Por exemplo, os mercados podem mudar (pense na crise de 2008), assim como as condições físicas (pode ocorrer uma epidemia de gripe ou um tsunami) ou as circunstâncias pessoais (lembremo-nos da crise de Catherine). É imprescindível que cada um de nós cultive a capacidade de abrir-se ao aqui e agora, pois só assim poderemos ser flexíveis e eficientes – e, consequentemente, compassivos e habilidosos em nossas escolhas, como vimos na história de Beth.

O terceiro passo é *ouvir em profundidade* e redirecionar sua atenção quando perceber que a qualidade dela está diminuindo. Isso inclui ouvir a si mesmo, escutar as sensações e os pensamentos que vão aflorando à medida que você escuta os outros falarem. Precisamos de atenção plena para absorver o que os outros estão comunicando: as palavras, a linguagem corporal, as emoções sentidas, isto é, toda a riqueza de uma conexão entre seres humanos.

O quarto passo, por fim, é *dizer a verdade sem a intenção de ofender*. Como líderes, precisamos valorizar e incentivar este quarto passo, e para isso precisamos fazer mais que meramente convidar os colegas e as equipes a realizá-lo. Precisamos criar uma cultura em que cada pessoa sinta-se segura para dizer a verdade.

Até hoje, só vi isso funcionar de verdade quando um líder dá o exemplo. Para exemplificar, imaginemos o seguinte. Se um líder, em vez de deixar que uma "má notícia" represente apenas um acontecimento prejudicial à carreira de alguém, faz dela, ao contrário, uma oportunidade para que todos aprendam e para que a empresa se torne mais forte, a verdade logo se tornará parte importante do diálogo.

Na medida em que, nesse ambiente cultural, as pessoas se acostumem a dizer a verdade, torna-se cada vez mais importante que reconheçam sua obrigação de fazê-lo sem ofender os outros. Dizer a verdade não implica carta branca para insultar ou denegrir, tampouco é algo que um indivíduo deva fazer pensando somente em sua própria carreira. No contexto da comunicação consciente, dizer a verdade significa ajudar os colegas de trabalho, a empresa ou a sociedade.

Entretanto, quando os líderes assumem um compromisso genuíno de incentivar a honestidade, dizer a verdade também ajudará as pessoas em suas próprias carreiras, como veremos no exemplo da Ford Motor Company. Alan Mulally foi nomeado CEO da Ford em 2006, numa época em que a empresa perdia bilhões de dólares ao ano. Toda semana, ele juntava os membros de sua equipe para uma reunião de avaliação. Mulally pedia a cada um dos executivos que avaliasse o progresso usando um sistema de semáforo: luz *verde* se tudo estivesse bem, luz *amarela* para sinalizar alguma preocupação e luz *vermelha* para indicar o surgimento de um problema relativamente grave. Nos primeiros meses, quando ele pedia que relatassem os avanços obtidos, todos os diretores sinalizavam luz verde, embora a situação da empresa continuasse deteriorando. Isso o deixava bastante frustrado. Finalmente, porém, um dos diretores, Mark Fields, apontou o primeiro sinal vermelho. Dá para imaginar os olhos arregalados e as cabeças se voltando para Fields quando ele admitiu que estava com problemas. Mas a resposta do CEO foi: "Parabéns pela capacidade de visão, Mark. Há algo que possamos fazer para ajudar?". Em quatro anos, Fields fez a divisão norte-americana da Ford passar de uma situação de prejuízo recorde a uma posição de lucratividade recorde e, no outono de 2012, foi nomeado diretor de operações. Mulally convidara os colegas a dizerem a verdade e quando Fields resolveu arriscar-se e verificar se o convite era sincero, o CEO deu o exemplo.

Ao contrário, quando a verdade não faz parte do diálogo cotidiano, isso às vezes acontece porque os funcionários acreditam que ninguém quer ouvir más notícias e que somente quem não faz parte da equipe pode oferecer algum ponto de vista diferente. Embora, na superfície, às vezes não pareça, esse tipo de cultura organizacional faz com que os funcionários se sintam engessados e se envolvam menos nos problemas da empresa, o que torna o ambiente menos inovador. A verdade costuma resistir aos nossos esforços, e resistência é uma coisa boa. Conforme disse certa vez Maya Lin, a arquiteta que projetou o Vietnam Memorial, "Sem resistência, não conseguimos voar".

## Comunicação consciente: escutar a si mesmo

A melhor maneira de aprender a comunicação consciente é aplicando-a às situações corriqueiras do trabalho e da vida pessoal. Uma boa forma de começar é experimentando alguns exercícios que vão prepará-lo para aquilo que você vai ter de enfrentar no calor do momento. O primeiro exercício convida-o a familiarizar-se com a maneira como sua mente e seu corpo reagem às palavras e também a vislumbrar novas ideias a partir dessas reações.

Sente-se em um lugar confortável e leia com calma a lista a seguir, de comportamentos conscientes e suas definições. Preste atenção especial às sensações do seu corpo. Consegue notar alguma área de rigidez? Há certos termos que ressoam mais forte em você? Perceba também os pensamentos e as emoções que a lista pode lhe despertar. Encare com curiosidade qualquer coisa que perceba, sem necessidade de analisar nem reprimir.

- *Aceitação*: ver, sentir e reconhecer as coisas como elas são aqui e agora. Isso não significa passividade, resignação ou consentimento. A aceitação possibilita uma percepção mais clara do presente na qual basearemos nossas ações.

- *Desapego*: não se apegar aos pensamentos, aos sentimentos e às experiências e, com isso, permitir que a mudança aconteça. Trata-se de um ato intencional e não quer dizer supressão ou esquecimento.
- *Abertura*: perceber as coisas como se fosse a primeira vez; manter-se atento às atitudes e às opiniões que possam bloquear essa recente percepção.
- *Generosidade*: dar algo no momento presente, em um contexto de cuidado e compaixão, sem esperar obter ganhos, reconhecimento ou retribuição.
- *Suspensão do julgamento*: testemunhar de modo imparcial; observar o presente a cada momento, sem julgar nem rotular.
- *Empatia*: a qualidade de sentir e compreender a situação de outra pessoa no momento presente, incluindo seus pontos de vista, sentimentos e atos.
- *Renúncia*: manter-se desapegado de resultados ou conquistas; não forçar as coisas apegando-se a elas ou repudiando-as.
- *Gentileza*: consideração e ternura. Ser gentil – entretanto, isso não significa ser apático, submisso ou indulgente.

Enquanto lia a lista, por acaso você percebeu que certas palavras despertaram sensações corporais? Um calor no coração, talvez, ou um aperto no peito. Que pensamentos afloraram na sua cabeça junto com essas sensações? Você teve vontade de fazer juízos de valor? Ao explorá-los, você estará começando a avaliar como sua mente funciona quando está absorvendo informações. Basicamente, estará exercitando o ato de escutar a si mesmo.

## Comunicação consciente: escutar os outros

Você também pode ir mais além e fazer o exercício junto com um colega. Nesse caso, vocês dois exercitarão o ato de escutar um ao outro.

Neste exercício, cada pessoa deve ler a lista anterior e depois compartilhar com outro a experiência de escutar seu próprio corpo e sua própria mente durante a leitura. Em vez de discutirem a questão, os parceiros se revezam. Cada um tem até cinco minutos (não é obrigatório usar todo esse tempo) para proferir um monólogo sobre a experiência que teve. A tarefa do outro é apenas esta: escutar, sem interromper com perguntas ou comentários, bem como manter-se consciente de suas próprias reações. Ao final, os papéis se invertem e repete-se o processo.

Esse singelo exercício, não raro, possibilita descobertas intrigantes sobre a maneira como nos comunicamos. Os participantes costumam sentir-se aliviados por poderem apenas escutar, sem a obrigação de responder de forma polida ou de fazer um comentário inteligente. Também é comum perceberem que, embora, num primeiro momento, possa parecer esquisito não utilizar interjeições para sinalizar ao companheiro que estão escutando o que ele está dizendo, a ausência desses meneios de cabeça e pequenos comentários de tipo "ã-hã" não enfraquece em nada a conexão entre os integrantes da dupla.

Quanto à experiência do monólogo, as pessoas geralmente notam que o fato de falarem sem a obrigação de terminar logo, antes que alguém interrompa, permite-lhes mergulhar cada vez mais fundo no que estão dizendo e, assim, realizar mais descobertas a respeito de suas sensações. Por fim, muitos participantes relatam que, com o maior espaço de que dispõem por terem esses minutos de monólogo, tendem mais a falar a verdade porque seus pensamentos e suas emoções são ouvidos com mais clareza, tanto por eles mesmos como pelo parceiro.

Não é assim tão fácil, para nós, comunicarmo-nos empregando a técnica da atenção plena, sobretudo quando se trata de assuntos de conteúdo emocional. É preciso algum esforço e dedicação. Muitas vezes, precisamos superar décadas de condicionamento. Ainda assim, com a ajuda de exercícios como o que propus, você começará a perceber o quanto são comuns as ocasiões em que estamos simplesmente *ouvindo*, mas não *escutando*. Sempre perdemos algo importante quando não estamos totalmente presentes em um encontro com alguém próximo a nós, seja um cônjuge, um filho ou um colega de trabalho. Perdemos a preciosa oportunidade de compreender e de ser compreendidos.

## Preparado para escutar de verdade

Dave era especialista em inovação que trabalhava para um grande fabricante de produtos voltados para o consumidor final e recebera a tarefa de lançar no mercado uma nova linha de produtos. O projeto ia de vento em popa e a meta era fazer o lançamento no terceiro trimestre do ano, para o qual ainda faltavam quatro meses. As coisas estavam indo bem. A equipe que liderava estava com o cronograma em dia. Na verdade, provavelmente até o cumpririam algumas semanas antes do prazo final.

Na segunda-feira de manhã, Dave deu início à reunião habitual com sua equipe da maneira que sempre fazia: dando um giro pela mesa e deixando que os líderes lhe dissessem a quantas andava o projeto e se havia surgido algum problema. Lá pelo meio da reunião, porém, à medida que ia escutando os relatos com mais atenção, começou a se sentir um pouco apreensivo. Já que eles rumavam tão claramente em direção ao cumprimento de seu objetivo, ele se perguntou por que é que não sentia muito entusiasmo e empolgação no grupo. Os relatórios soavam superficiais e mecânicos. Dave, então, resolveu interromper. Em vez de apenas "cumprir o cronograma" ou mesmo verificar com a equipe se o que estava sentindo era real, resolveu confiar em seus instintos e fazer uma única pergunta ao grupo: "Se dependesse somente de vocês decidir, vocês lançariam esse produto no mercado?". E convidou a equipe a refletir sinceramente sobre a questão por alguns minutos. Quando achou que todos estavam prontos, deu a cada um da equipe três minutos para apresentar suas considerações sinceras, isto é, sua opinião verdadeira, sob a forma de um monólogo sem interrupções.

Mesmo quando metade dos presentes ainda não havia se pronunciado, a equipe já sabia que a coisa certa a fazer era suspender o projeto. Embora fossem capazes de lançar a linha no mercado, havia muitas razões para que não o fizessem, desde o alto custo de produção (o que significava desenvolver um produto de menor qualidade se quisessem permanecer dentro do orçamento previsto) até uma sensação de que o produto não estava mais dentro dos padrões de excelência em inovação que os membros da equipe acreditavam serem capazes de manter se tivessem mais tempo.

Um ato corajoso como esse, em um ambiente corporativo, demanda presença de liderança. A coragem de Dave apoiava-se sobre seu treinamento em comunicação consciente. Mais uma vez, enumeram-se os quatro passos do processo:

1. Pausa.
2. Abrir-se para o que está aqui.
3. Ouvir em profundidade.
4. Dizer a verdade.

Dave aplicou esses princípios a uma reunião de rotina, desafiando sua equipe a parar e a falar honestamente sobre o produto. Uma das exigências da comunicação e da liderança regidas pela atenção plena é que tenhamos confiança nos sentimentos que nos convidam a investigar com mais profundidade as situações nas quais nos vemos inseridos, em vez de nos limitarmos simplesmente a cumprir tarefas e ticar listas de itens. Os conhecimentos teóricos e o treinamento prático de Dave no campo da liderança consciente ajudaram-no a recriar-se como um líder capaz de escutar a verdade dos fatos sem temor e em vez de mascará-la para poder cumprir prazos – e, consequentemente, disposto a mudar de planos sem pestanejar. Além disso, ele soube sinalizar aos outros que estava realmente interessado em escutar o que tinham a dizer. Escolheu interromper a rotina para enxergar e sentir o que estava acontecendo naquela sala de reuniões. Permitiu que cada um deles se pronunciasse individualmente e depois levantou sua questão de maneira a deixar aberta aos outros a possibilidade de abandonarem o caminho que estavam percorrendo havia muitos meses. Graças a todas essas escolhas, todos tiveram a oportunidade de se fazerem ouvir sem se sentirem inseguros. Acima de tudo, Dave exerceu sua liderança criando uma atmosfera de valorização da honestidade e da excelência.

O tempo restante daquela reunião foi empregado na concepção de uma ideia melhor para um novo produto. Levaria alguns dias e algumas reuniões adicionais, mas logo a equipe concebeu um produto viável e mais promissor no seu entender. Dave, obviamente, teve de explicar a mudança de planos ao seu diretor, bem como o fato de que o lançamento do produto teria de ser adiado para o quarto trimestre. Embora a notícia do atraso tenha sido mal recebida, seu efeito negativo foi compensado pelo nível de inovação do novo produto e por suas boas projeções de sucesso.

A história de Dave lhe parece familiar? Quantas vezes você já não esteve em uma reunião onde todos sabiam que o projeto já não era mais uma boa ideia, ou que não deveria mais ser prioridade, devido a mudanças de rumo no mercado, ou ainda que deveria passar por modificações por não ser a melhor opção para o cenário em questão? Quiçá as pessoas até façam alguns comentários no corredor ou a portas fechadas, mas não na sala de reuniões. Talvez os membros da equipe tenham as mesmas perguntas que o coordenador do projeto, mas se convenceram de que já foram longe demais para voltar atrás. Costumo considerar esses momentos ocasiões em que estamos ocupados conversando conosco mesmos. Fazemos de tudo para nos convencer de que aquilo que estamos fazendo ainda é correto. É nesses momentos que o ato de estarmos plenamente presentes e escutando tudo o que está sendo dito e não dito na sala pode representar uma valiosa atitude de liderança.

## O ruído da multitarefa

Qual é o efeito da multitarefa sobre a comunicação consciente? Um breve olhar sobre um tipo de experiência comum nessa área pode nos fornecer algumas respostas interessantes. Imagine que você tenha uma reunião importante às dez horas da manhã, em que deverá apresentar ao seu chefe um relatório com os últimos desdobramentos de um projeto crucial. Quando a reunião começa, ele lhe pede que fale, mas avisa que pode precisar interrompê-lo se receber um telefonema internacional que está esperando. Você, então, começa sua apresentação, mas percebe que, vez ou outra, ele dá uma olhada no relógio e verifica a caixa de e-mails. Entre uma olhada e outra, porém, ele mantém contato visual com você. Além disso, balança a cabeça de tempos em tempos. Ao que parece, portanto, está ouvindo o que você está dizendo. Mesmo assim, ao final da reunião, você sabe muito bem que ele não escutou praticamente nada do que você disse.

Quando conversamos com alguém que não está prestando atenção de verdade, podemos sentir seu alheamento, e não sentimos a conexão que é tão aparente quando alguém está escutando realmente o que temos a dizer. Quando alguém está fazendo várias coisas ao mesmo tempo – por exemplo, participando de uma reunião com um olho no *laptop* ou no *smartphone* – isso não implica apenas perda de produtividade (porque o que se está dizendo terá de ser repetido), mas desrespeito. Sei de um sujeito, presidente de uma multinacional, que iniciava as reuniões em seu departamento mandando que todos desligassem seus *laptops* e celulares. E então dizia: "Quem tiver algo mais urgente para fazer nesta uma hora do que participar desta reunião vá cuidar disso e só volte quando puder participar plenamente". Eis uma bela maneira de dar o tom!

Quando comecei a praticar a comunicação consciente com mais empenho, impressionava-me a frequência com que eu surpreendia minha mente divagando durante uma reunião ou uma conversa com um amigo ou colega. Então comecei a notar o quanto era difícil conectar-me com alguém e realmente escutar o que essa pessoa estava dizendo se os meus olhos tivessem de transitar entre ela o meu computador ou alguma outra fonte de distração. A ocasião em que percebi isso com mais clareza foi, provavelmente, durante uma conversa que tive com minha filha, então adolescente. Costumávamos preparar o jantar juntas e nessas ocasiões eu lhe perguntava como havia sido o dia dela. Certa noite, estávamos picando cenouras e aipos em cima do balcão da cozinha e ela me contava sobre uma briga que uma amiga estava tendo com outra garota. Lá pelo meio da história, comecei a notar certa hesitação em sua voz e me dei conta de que eu estava fazendo mais de uma coisa ao mesmo tempo: tentava ouvir os detalhes da história e também preparava o jantar. Então, larguei a faca e me virei para olhá-la nos olhos. Sua reação foi dar um pulinho para trás, assustada com a atenção repentina que eu lhe estava prestando. Depois, todo o seu corpo pareceu relaxar e ela também largou o que estava fazendo, virou-se para mim e continuou contando a história com mais facilidade e receptividade. Foi uma lição muito importante para mim. A profundidade da conexão que estabeleço com as outras pessoas, tanto em casa como no trabalho, é diretamente afetada por minha capacidade de prestar atenção e, consequentemente, de falar ou escutar com a mente e o coração.

A maioria das pessoas que me procuram em busca de treinamento em liderança consciente acreditam que se comunicam bem. Afinal, são extremamente bem-sucedidas em suas áreas. A maior parte delas já passou por treinamento para aperfeiçoar sua habilidade de falar com clareza e precisão, ou de motivar e estimular o público com palavras inspiradoras. Essas são habilidades comuns dentre aqueles que as grandes empresas identificam como líderes ou como indivíduos dotados de grande potencial. Esse tipo de treinamento, no entanto, muitas vezes deixa de fora o outro lado da equação, isto é, a necessidade de treinar a mente e o corpo para *escutar atentamente o que está sendo dito*. Seja durante uma negociação, uma avaliação de desempenho, uma sessão de estratégia, ou mesmo um diálogo informal que está no cerne de toda organização, o ato de percebermos quando simplesmente não estamos na sala pode significar a diferença entre a excelência e o mero ticar de itens em nossa lista de afazeres. Quanto maiores forem nossas responsabilidades, quanto mais pessoas tivermos de liderar e quanto maior for o raio de alcance dessa liderança, mais importante será eliminarmos o ruído para podermos escutar nossa própria sabedoria e falar com a mente e o coração – e, por último e não menos importante, para podermos escutar o que os outros estão falando e o que estão calando.

## Pausa intencional: reunião consciente

Enquanto caminha em direção à próxima reunião, concentre a atenção em suas sensações, redirecionando-a sempre que perceber que ela se desviou. Quando sentar-se em sua cadeira na sala de reuniões, tome consciência dos movimentos do seu corpo à medida que ele se curvar acima da cintura, tocar a cadeira, assentar os pés sobre o chão, pegar e segurar uma caneta e assim por diante.

Empenhe-se no propósito de prestar atenção plena ao que está sendo dito. Permaneça aberto e curioso a respeito dos fatos que estão prestes a se desdobrar em vez de formar expectativas quanto ao que acontecerá. Durante a reunião, sempre que notar que sua mente começou a divagar, traga-a de volta ao presente. Para isso, preste atenção na respiração ou nas sensações do seu corpo por alguns instantes, abandonando o pensamento discursivo e os juízos de valor que interferem no ato de escutar de verdade. Lembre-se dos quatro passos da comunicação consciente: pausa; abrir-se para o que está aqui; ouvir em profundidade; e, quando chegar a sua vez, dizer a verdade (sempre sem a intenção de ofender).

Em seguida, reflita por alguns instantes sobre a experiência por que acabou de passar. O que você percebeu – sobre si mesmo, sobre os outros indivíduos que estavam na sala, sobre a eficiência ou ineficiência da reunião? Você vai incluir em todas as reuniões daqui em diante essa pausa intencional que acabou de fazer? Será que você gostaria de sugerir mudanças na maneira como essas reuniões são realizadas? Por acaso, havia na reunião alguém de personalidade forte que monopolizou todo o encontro? Estipular monólogos de dois minutos foi útil? Será que a proibição do uso de *smartphones* e *laptops* significou ganho de tempo? E, finalmente, será que a reunião se realizou num contexto cultural de valorização da sinceridade?

# CAPÍTULO 7

## Basta caminhar... Os sentidos e as sensações

*Poucos são aqueles que veem com seus próprios olhos e sentem com seu próprio coração.*

Albert Einstein

Em algum momento do dia de hoje, você provavelmente andou de um lugar a outro – indo para o seu carro ou voltando dele, caminhando até o trabalho ou simplesmente atravessando os corredores do escritório. Quantas coisas você percebeu durante essa caminhada? Consegue se lembrar de algum detalhe ou esses instantes transcorreram como se fossem um borrão no meio dos seus pensamentos? Na maior parte do tempo, costumamos ignorar o ato de caminhar porque estamos ocupados com outras coisas enquanto andamos, ou então o vemos como um obstáculo entre a reunião da qual acabamos de sair e a próxima, por estarmos com pressa. Preferiríamos nos teletransportar para o próximo compromisso, reconquistando assim o tempo que desperdiçamos nos deslocando com os nossos pés. Tornamo-nos uma sociedade de cabeças ambulantes – absortos em nossos *smartphones* ou em pensamentos sobre o futuro e o passado, prestamos pouca atenção à experiência real de caminhar.

Talvez isso aconteça, em parte, porque não nos damos conta do que estamos perdendo. Quando praticamos a caminhada consciente, começamos a nos reconectar com nosso corpo e então passamos a escutar as muitas mensagens que ele nos transmite. Como aprendemos no Capítulo 4, a linguagem sensorial do corpo é uma fonte muito rica de informações – e não me refiro apenas aos quatro sentidos sobre os quais aprendemos quando crianças, mas também às intuições com que nos familiarizamos mais quando crescemos e ao sentido com o qual nos orientamos em nosso ambiente, conhecido como propriocepção. Nossos sentidos interpretam o mundo externo, que é o ambiente físico, e também o mundo de nossos pensamentos e sentimentos.

Um bom exemplo de como a meditação durante as caminhadas pode nos colocar em contato com o estado de nosso corpo e servir como um terreno fértil para o surgimento de novas ideias foi o que aconteceu em um programa que coordenei para os funcionários de cargos mais elevados de uma empresa farmacêutica. Tínhamos acabado de fazer uma caminhada meditativa do lado de fora do hotel e retornávamos para as nossas cadeiras para conversar sobre a experiência. Bashir, um analista financeiro de meia-idade, revelou que, durante a prática, surpreendeu-se ao notar que estava "exausto" – não apenas cansado por levar uma vida ocupada, mas exausto "até o nível celular". Antes do retiro, ele nem sequer se considerava cansado. Depois de permanecer calado por mais uns dois minutos, ainda sentado, ele acrescentou: "Essa sensação está no fundo do meu corpo e não tem nada a ver com sono atrasado". Depois de analisar ainda mais o que vinha percebendo, ele descreveu a sensação como um "peso" em seu peito e uma "rigidez" na garganta. A surpresa de Bashir diante de suas descobertas acabou se transformando em franca curiosidade a respeito da fonte dessas sensações que estavam drenando sua energia.

Bashir passou os dias seguintes explorando e escutando essas descobertas e emoções que começaram a surgir. Aos poucos, foi percebendo que tudo estava ligado ao seu envolvimento com a "política de escritório" dentro de sua empresa. O panorama político esquentara com a recente contratação de um novo executivo. Bashir, então, começou a questionar sua decisão de assumir mais e mais responsabilidades unicamente devido ao receio – que agora enxergava – de que não conservaria sua posição de liderança se não dissesse "sim" a tudo o que lhe pedissem. Agora compreendia como o trabalho que tanto amava terminou se transformando no peso que o fazia achar mais difícil levantar-se da cama pela manhã. Se não tivesse parado para ouvir as mensagens de seu corpo e, depois, investigado com curiosidade sincera o significado desses sinais, Bashir poderia ter simplesmente seguido em frente forçando passagem. Poderia ter ignorado ou interpretado equivocadamente a informação que o ajudaria a ver de que forma estava lidando com sua própria vida e, o que é mais importante, que o ajudaria a mudar de maneira eficiente. A experiência foi uma grande lição, para todos nós, sobre a importância de nos conectarmos com as sensações do corpo.

## Meditação andando

Embora a meditação andando possa ser praticada em qualquer lugar e a qualquer momento, geralmente é melhor começar escolhendo um lugar relativamente tranquilo onde você não seja interrompido por uns dez ou quinze minutos. O ambiente pode ser interno ou externo. No local, deve haver espaço suficiente para que você possa dar vários passos em linha reta. A partir de uma extremidade, comece a andar devagar. Não precisa caminhar com estilo nem devagar demais, mas sugiro que você ande mais lentamente do que está acostumado. Quando chegar ao fim da linha reta escolhida, faça uma pausa de alguns instantes e depois se vire e ande de volta. Não precisa olhar para os próprios pés. Olhe adiante, absorvendo o panorama à sua frente. Seus braços podem ficar posicionados confortavelmente ao lado do corpo ou você pode cruzar as mãos atrás ou na frente. Ao virar-se, continue contemplando o ambiente à frente. Eis tudo, no que se refere aos aspectos mecânicos.

Quanto à sua mente, note as sensações sobre as quais falamos neste capítulo. As informações que o seu corpo está reunindo através dos vários sentidos estão todas aí para serem percebidas: visões, sons, o peso se transferindo de um pé ao outro. Você também pode prestar atenção aos mecanismos internos do corpo: as dores, a fome, o cansaço.

Basta caminhar e saber que está caminhando. Sinta os músculos da panturrilha à medida que o pé se flexiona, a pressão nos calcanhares quando estes tocam o chão, o toque do ar na sua pele, as cores do ambiente ou da paisagem ao redor ou a sensação de rigidez no seu peito. Quando a sua mente se desviar da experiência de meramente andar, redirecione a atenção concentrando-a de novo no lugar onde você está e naquilo que está fazendo.

O ato de andar assim, de maneira plenamente atenta, não tem como objetivo chegar a lugar nenhum. Trata-se de treinar a mente para estar presente no percurso. Assim como você fez no caso das meditações, com a respiração e os sons, e da meditação na cadeira do escritório, quando perceber que a mente vagueou, traga-a de volta às sensações, com firmeza, amabilidade, disciplina e compaixão. Redirecionar a atenção é a essência desta prática e ajuda sua mente a se estabilizar e se concentrar.

De início, este pode ser um exercício difícil de fazer, pois não estamos acostumados a caminhar sem nos distrairmos com alguma coisa – conversando, falando ao telefone, ouvindo música ou simplesmente pensando. Quando você reprime essas distrações intencionalmente, passa a estar apenas na companhia de si mesmo por um tempo e então pode ver de perto, sem nenhum outro projeto que lhe ocupe a cabeça, como a sua mente e o seu corpo vivenciam uma experiência simples como a de andar. Pode ser que você se sinta frustrado também, já que deve estar habituado a caminhar rápido e, neste exercício, tem de andar mais devagar que o normal. Mas essa frustração também pode ser frutífera. Você pode encará-la como uma oportunidade de aprofundar sua intenção de praticar. Em vez de desistir por não querer sentir as emoções, você pode utilizá-las como parte do treinamento. Quando a frustração aflorar, você pode reconhecer esse sentimento e então prestar atenção às sensações que o sucedem. Dessa forma, estará investigando as qualidades da própria frustração, percebendo algo que venha à tona durante o restante do exercício.

Ou talvez você perceba, ainda, uma tensão no pescoço, acompanhada de uma torrente de julgamentos de valor em sua cabeça. Neste caso, em vez de reagir ao conteúdo desses pensamentos, continue treinando a mente fazendo-a concentrar-se nas sensações exatas que estiver experimentando no momento. Isso lhe dará a chance de observar de que modo você reage às dificuldades e à mudança. Concedendo a si mesmo um pouco de espaço dessa maneira, você pode fazer experimentos, escolhendo reagir a essas sensações de muitas formas diferentes. Pode, por exemplo, decidir simplesmente notá-las, isto é, desvencilhar-se intencionalmente dos julgamentos de valor que porventura lhe surjam na cabeça e seguir praticando.

Para algumas pessoas, o caminhar fazendo uso da atenção plena abre todo um mundo de descobertas, ou talvez seja mais exato dizer redescobertas. Quando realizamos a prática básica de andar de um lado a outro em linha reta, a liberdade de andar sem ter de chegar a um destino abre as portas para que percebamos novamente os maravilhosos sons, cheiros e elementos visuais que, não raro, estão à nossa volta: o gorjeio de um pássaro, o som das folhas, o cheiro da grama recém-cortada. Os prazeres e as alegrias simples que porventura experimentamos quando éramos crianças ainda estão aí para serem redescobertos e podemos extrair grande satisfação deles.

À medida que for se familiarizando mais e mais com o ato de meditar caminhando, você poderá realizar essa prática durante qualquer caminhada, em qualquer velocidade. Por exemplo, se perceber sua mente escapando enquanto você anda apressadamente rumo à próxima reunião, concentre a atenção em seus calcanhares se encontrando com o chão do corredor quando você passa. Toda vez que sua mente se entregar a pensamentos sobre a próxima reunião, redirecione a atenção para as sensações do corpo. Se você estiver plenamente presente na hora em que chegar à sala, provavelmente será um participante mais valioso para a reunião. Ou então, se tiver a oportunidade de fazer uma caminhada no domingo à tarde e perceber que ainda está pensando na reunião de sexta-feira de manhã, use seu treinamento em caminhada consciente e redirecione a atenção para as sensações do corpo. Ande e tome consciência de que está caminhando.

A caminhada meditativa pode ser acrescentada às suas práticas meditativas diárias, seja como um exercício adicional de dez minutos todo dia, seja como substituto da meditação que você faz sentado. Seja paciente consigo mesmo. Trata-se de uma nova maneira de treinar a mente e pode levar um tempo até você se acostumar.

## Uma caminhada no bosque

Quando exercitamos a prática da caminhada consciente, cultivamos a capacidade de tomar consciência de tudo o que vivenciamos e o fazemos simplesmente prestando atenção ao movimento do corpo pelo ambiente. Também podemos escutar as sensações do coração – a leveza no peito decorrente da alegria, a rigidez do medo, o peso da dor, o calor físico do amor e assim por diante. Com tudo isso, começamos a nos lembrar da beleza de estar acordado, plenamente incorporados ao aqui e agora. E o que é mais importante ainda: conforme veremos no próximo exemplo, quando não prestamos atenção a essas sensações, pode ser que deixemos passar a alegria e as descobertas que costumam aflorar quando experimentamos a vida com maior plenitude e nos mantemos mais receptivos às mensagens provenientes de todos os nossos sentidos.

Estávamos eu e um grupo de líderes num retiro em Minnesota. Depois da prática de meditação no início da manhã, tomamos café e nos preparamos para o início de todo um dia de práticas em silêncio – movimentação consciente, meditação em posição sentada e caminhada consciente. Os dois dias anteriores foram de chuva. Todos, portanto, estavam um pouco cansados de ficar entre quatro paredes. Eu estava esperançosa de que passaríamos boa parte do dia ao ar livre. De manhã bem cedo ainda havia um pouco de nevoeiro, mas não estava chovendo, e começamos o dia com uma caminhada consciente pelas trilhas mais próximas.

Ao passarmos por um pinheiro mais alto, comentei que havia um ninho enorme próximo ao topo da árvore – um ninho de águias-calvas, embora elas não estivessem lá, aparentemente. Paramos para apreciar a beleza arquitetônica do ninho e depois partimos, deixando a árvore para longe. Alguns metros adiante, o assistente do retiro sussurrou-me no ouvido que a águia estava empoleirada do outro lado do pinheiro em um galho abaixo do ninho que acabáramos de ver. Quando me virei para olhar, lá estava ela, toda à vista, imóvel, apenas contemplando a paisagem – uma belíssima e majestosa águia-calva. Todos pararam e se viraram para contemplar aquela visão maravilhosa.

Ficamos ali juntos, lado a lado, compartilhando em silêncio aquele momento, a apenas alguns metros de distância da árvore. Sentimo-nos conectados – uns aos outros, à presença daquele símbolo magnífico da liberdade, à beleza da natureza que nos cercava. E estávamos conectados a nós mesmos, nossos sentidos absorvendo tudo com avidez. Além disso, ficou bem claro para todos nós que poderíamos ter perdido aquele momento incrível se tivéssemos passado por ali com pressa, como era habitual em nossas vidas.

Depois de um tempo, a águia começou a rufar suas penas, arquear o corpo e levantar as asas. Percebi um clima de expectativa no grupo. Todos nos perguntávamos se teríamos a chance de ver aquele enorme pássaro levantar voo e ganhar o céu. Em vez disso, porém, ela levantou as penas da cauda e fez suas necessidades, despachando um verdadeiro balde de urina, que despencou pinheiro abaixo como uma cascata. O silêncio do grupo foi interrompido por um sobressalto coletivo, que logo se transformou numa gargalhada generalizada. Naquele lugar, vivemos juntos um momento de absoluta surpresa e alegria, como se fôssemos crianças de novo.

A águia, porém, ainda não tinha terminado seu show. Quando a gargalhada terminou e o pássaro voltou ao seu silêncio vigilante, comecei a pensar se já era hora de prosseguirmos com a caminhada.

Mas, por algum motivo, ainda tinha a sensação de que era melhor esperar mais. Poucos minutos depois, ouvimos e vimos o parceiro da águia rumando para o galho onde ela estava e anunciando sua chegada com um chiado agudo. Os dois se cumprimentaram com alguns gritos enquanto permanecíamos paralisados testemunhando aquele raro encontro. Depois, as águias começaram a acasalar. Isso bastou para que o grupo voltasse a chorar de tanto rir. Ninguém precisou dizer nada.

Alguns minutos depois, quando a segunda rodada de gargalhadas já havia cessado e ainda permanecíamos ali completamente imóveis, vidrados com os dois pássaros, a fêmea bateu asas e alçou voo. Planando com facilidade, desenhou um círculo em torno do grupo e desapareceu no céu enevoado da manhã. Ainda ficamos ali por mais um tempo, mas depois, lentamente, retomamos o passo e nos distanciamos do pinheiro, de onde a águia macho retomou sua mirada silenciosa em direção à paisagem.

Mais para o final do dia, quando terminou o período de silêncio e nós voltamos a conversar, muitos falaram da experiência que tiveram naquela manhã. Marcia, uma das executivas mais experientes dentre os participantes do retiro, falou de sua descoberta inesperada. "Enquanto olhava para aqueles pássaros", disse ela, "fiquei pensando em como nós os superestimamos. Colocamos a águia em um pedestal por ela simbolizar todas as aspirações e virtudes do nosso país.* De fato, eu senti a força e a resistência das águias enquanto as observávamos. Mas também vi que elas são desajeitadas e que não há nada de errado em ser desajeitado." Suas palavras ecoaram em muitos de nós ali presentes. Nós, líderes, muitas vezes acreditamos que temos de personificar determinados ideais e "manter as aparências", jamais devendo aparentar desconhecimento ou incerteza. Mas a vida é desajeitada e não há nada de errado nisso. Na verdade, aceitar de bom grado os aspectos desajeitados da vida é parte importante do esforço de liderar, inovar, reconhecer nossa vulnerabilidade, viver, enfim. Basta perguntar a uma águia.

* A águia é um dos principais símbolos dos Estados Unidos. (N. do T.)

# CAPÍTULO 8

## Descubra seus princípios de liderança

*Você precisa sair da cidade que é o seu conforto e adentrar a selva das suas intuições... Então, descobrirá algo maravilhoso. Descobrirá a si mesmo.*

Alan Alda

É um dia frio de janeiro e a semana começa com uma reunião no auditório da empresa às nove da manhã. Os executivos estão todos sentados na primeira fileira e o CEO caminha em direção ao palco. Ele começa seu discurso dizendo que a empresa teve um bom desempenho no ano que passou, mas que o mercado está mudando e, portanto, agora é hora de olhar adiante e buscar novos objetivos. Por isso, diz aos funcionários que o Departamento de Eficácia Organizacional desenvolveu um novo conjunto de princípios de liderança para ajudar a todos na execução das novas estratégias para alcançar esses objetivos.

O discurso soa familiar?

Então, os princípios de liderança aparecem projetados em um telão. Trata-se, como sempre, de uma lista de palavras e frases, quiçá inscritas em um círculo ou uma pirâmide e cuidadosamente separadas por cores diferentes. A lista pode incluir palavras como ética, inovação, inclusão e serviços. Também pode ser uma lista de princípios de liderança como esta:

1. Entregaremos nossos serviços ao cliente obedecendo a um alto padrão ético.

2. Executaremos nosso plano de negócios de maneira infalível, valorizando a flexibilidade e a inovação.
3. Fomentaremos um ambiente de inclusão e respeito mútuo.

Depois, outro membro da diretoria executiva ressalta a importância da lista.

Finalmente, cada um dos presentes sai do auditório com a lista de princípios em uma versão de bolso e talvez até sob a forma de um protetor de tela para computador ou *smartphone*. A lista foi concebida como fonte de inspiração e unidade e tem o objetivo de comunicar com clareza as expectativas da empresa para si mesma e para seus funcionários. Embora seja importante que os funcionários entendam que tais expectativas existem e que a organização valoriza certos princípios empresariais, será que uma comunicação como essa é suficiente para garantir que esses princípios governem as decisões do dia a dia?

Alguém já lhe perguntou sobre seus princípios de liderança?

Quais são eles?

Por que será que é importante conhecê-los?

Neste capítulo, tentaremos responder a essas perguntas usando técnicas da liderança consciente. Começaremos com uma reflexão.

## Reflexão sobre os princípios da liderança

Para iniciar esta reflexão, você vai precisar pegar um papel e uma caneta e levá-los consigo até um lugar calmo, onde haja privacidade. Sente-se em posição de meditação, com os pés no chão, a coluna ereta, as mãos pousadas no colo ou sobre as coxas e os olhos fechados ou voltados levemente para baixo.

Concentre a atenção na sua respiração, percebendo as sensações da inspiração e da expiração. Deixe que a prática com a respiração gere concentração e estabilidade na sua mente, e redirecione sua atenção sempre que ela se dispersar.

Quando seu corpo e sua mente se acomodarem na quietude, faça a si mesmo, em silêncio, perguntas a respeito de seus princípios:

- Quais são meus princípios de liderança?
- Que princípios estão na essência de quem eu sou e de como desejo liderar?
- Que princípios me despertam verdadeira paixão?
- Que princípios compõem o leme ao qual posso me agarrar quando a vida se transforma em um mar revolto de complexidades?

Mantenha uma postura de receptividade e curiosidade. Conserve um espaço aberto para que as respostas apareçam. Você pode escolher entre fazer-se essas perguntas uma de cada vez, procurando perceber suas reações à medida que surjam, ou pode agrupá-las e então ver o que acontece.

Guarde na memória as primeiras respostas reflexivas e liberte-se da postura discursiva que sua mente provavelmente assumirá com o intuito de analisar as perguntas. Em vez disso, dê tempo e espaço a si mesmo para que as respostas emerjam de dentro de você. As respostas já estão lá. Só precisam de um pouco de tempo para encontrar uma brecha no meio da multidão de pensamentos que lhe ocupam a mente e da miríade de conselhos que você recebeu, por tantos anos, sobre como ser um líder de sucesso. Preste atenção a quaisquer sensações corporais que porventura surjam durante a reflexão. Elas podem lhe ajudar a descobrir as respostas para suas perguntas. E acima de tudo, seja paciente.

Quando sentir que já está pronto, abra os olhos e escreva as respostas no papel. Não perca tempo avaliando-as. Continue atento a quaisquer sensações corporais. Talvez você perceba certo desconforto no seu corpo, uma sensação de leveza no peito ou uma rigidez no pescoço enquanto estiver escrevendo. Encare essas sensações com curiosidade, buscando entender o que elas podem significar. Será que elas lhe são familiares? Em que outras ocasiões você as percebeu? Por acaso ficou surpreso com o que escreveu no papel a respeito de princípios de liderança?

Nos *workshops* e retiros de liderança consciente, os líderes costumam contar sua experiência com relação a essa reflexão dizendo ao grupo que foram pegos desprevenidos por algumas das palavras que surgiram de dentro de si mesmos, pois estas não coincidiam com as características tipicamente reconhecidas como parte de seu trabalho cotidiano – características essas quase sempre voltadas para a execução de tarefas e projetos. A reflexão, em vez disso, deu voz a outros aspectos mais profundos da excelência em liderança. Eis uma amostra desses princípios:

Gentileza
Sede de descobertas verdadeiras
Verdade
Equidade
Desejo de transmitir experiências
Generosidade
Fazer do mundo um lugar melhor
Respeito por todos
Amor
Excelência
Disposição para experimentar e aprender com os erros

Os princípios de liderança enumerados por uma empresa ou instituição indicam como é que os líderes mais experientes da organização desejam que esta se porte em seus negócios. O pressuposto é que, se todo mundo se comportar de acordo com esses princípios, há mais chances de o grupo lograr êxito. Esse é um objetivo importante. Há uma grande diferença, no entanto, entre receber conselhos sobre como se comportar e descobrir princípios de liderança por conta própria.

Quando é você quem os descobre, eles se tornam verdadeiramente seus. Você reconhece que eles são essenciais para a maneira como quer viver sua vida e, então, leva-os para o ambiente de trabalho. Quando é você quem os descobre, eles se tornam parte interna de você. A influência que exercerão em suas decisões e em seus comportamentos em meio ao caos diário tende a ser muito maior que a de uma organização lhe dizendo como se comportar. Isso pode parecer óbvio, mas por que é que a oportunidade de descobrir pessoalmente seus princípios de liderança quase nunca é incluída no processo de preparação de um líder?

Um dos elementos mais importantes na prática da liderança consciente é compreender melhor a si mesmo, e compreender seus princípios de liderança é parte essencial desse autoconhecimento. Conhecer seus princípios – e ter mais curiosidade a respeito deles e de como eles definem quem você é – é a bússola que lhe guiará nas escolhas difíceis. É uma maneira de você reavaliar suas prioridades e ver se, nas escolhas que faz, está seguindo seus princípios de liderança ou, ao contrário, está impondo obstáculos à sua plena expressão.

Salvo raras exceções, provavelmente nunca fomos indagados sobre nossos princípios de liderança, nem tampouco nos demos o trabalho de descobri-los. Talvez seja útil usar algumas de suas práticas diárias de meditação para refletir sobre isso. Continue acrescentando itens à sua lista e conserve uma postura de receptividade e curiosidade diante do que for descobrindo. Pode ser interessante, também, conversar com um bom amigo sobre eles e sobre a importância que têm para você. Dar voz a seus princípios é uma boa maneira de aprender sobre eles. Não será um tempo mal-empregado. A menos que você pare de trabalhar amanhã ou depois, com certeza se verá diante de situações em que terá de fazer escolhas difíceis. E certamente não será no calor do momento, pressionado por todos os lados, que você vai querer sair em busca de seus princípios.

## Por que é importante identificarmos nossos princípios de liderança?

Na verdade, as organizações não existem.

Uma empresa ou organização é algo que só existe como um pedaço de papel nos arquivos de um órgão público. No mundo real, uma organização é um grupo dinâmico e interativo de pessoas, sempre em processo de transformação. Além disso, é mantida em funcionamento pelos funcionários ou voluntários, *serve* aos consumidores, clientes ou pacientes, *recebe investimentos* dos acionistas ou doadores e *responde* aos acionistas ou conselhos administrativos. São essas pessoas que tomam as decisões que determinam o papel da organização na comunidade, para o bem ou para o mal. Se quisermos que as organizações se conduzam de uma forma mais autoconsciente, precisamos encontrar as pessoas que realmente as fazem ser o que são e convidá-las a explorarem mais as riquezas que possuem dentro de si, bem como suas capacidades inatas. Essa exploração começa por um convite para que se aproximem mais dos princípios em que acreditam, para que descubram ou desvendem esses princípios. Quando não existe essa compreensão ou essa exploração é incompreendida, a probabilidade de que sejamos inconscientes ou negligentes em nossas ações é muito maior.

Um bom exemplo disso foi algo que me contaram uns dois anos atrás. Olivia, executiva do departamento de vendas de uma empresa de produtos eletrônicos de capital aberto, conduzia sua equipe a mais um fechamento de trimestre. Enquanto todos os outros funcionários foram desfrutar de um feriado prolongado, sua equipe recebeu a incumbência de trabalhar no sábado, pois precisava fechar a contabilidade até as oito da noite desse dia. As empresas de capital aberto são obrigadas a respeitar diretrizes rígidas de contabilidade para evitar quaisquer suspeitas, por mínimas que sejam, tais como a falsificação de contas para manipular o valor das ações perante os analistas e investidores em geral.

Depois de trabalhar por doze horas ininterruptas, a equipe estava quase terminando. Uma dos gerentes de nível médio, Becky, era nova no departamento e ansiava por mostrar sua competência aos colegas. Poucos minutos depois de os livros contábeis serem fechados e enviados a Olivia e ao escritório de contabilidade, Becky recebeu um telefonema de um cliente que queria realizar um novo grande pedido. Se o pedido pudesse ser incluído na contabilidade daquele trimestre, o valor significaria a diferença entre cumprir e não cumprir com as projeções para o período. Só havia passado alguns minutos desde o fechamento. Por que não? A empresa tivera um ano difícil e a diretoria exercia uma pressão enorme sobre o departamento de vendas para que cumprisse as metas do trimestre. Todos ficariam felizes se soubessem que Becky recebera esse novo pedido e encontrara, no último minuto, uma maneira de não desapontar os analistas de investimentos.

Diante disso, Becky foi atrás de Olivia para perguntar o que ela achava da ideia de encaixar o pedido no trimestre recém-fechado. Quando chegou à sala da chefe, encontrou-a falando com a contabilidade ao telefone, ao mesmo tempo que folheava às pressas alguns pedidos que estavam sobre sua mesa. Olivia levantou os olhos por um instante e acenou a Becky para que entrasse. Depois de desligar o telefone, pôs-se a escutar desatentamente enquanto Becky lhe explicava sua proposta.

O telefone voltou a tocar no exato momento em que Becky terminava de falar a Olivia o que tinha em mente. Era o presidente da divisão pedindo um relatório de andamento do projeto e Olivia estava ansiosa para atender a ligação, de modo que disse apenas o seguinte: "Qualquer ideia que você tiver para melhorar os números do trimestre está valendo. Vá em frente". Becky então acessou seu computador e alterou o livro de pedidos, violando as regras de contabilidade para empresas de capital aberto.

Felizmente, para o bem da empresa, o escritório de contabilidade detectou a violação antes que um relatório trimestral falso fosse publicado. A história, porém, não terminou por aí. A empresa abriu uma investigação interna para saber como aquilo pôde acontecer. O resultado foi a recomendação de que Olivia fosse demitida e de que se submetesse a equipe inteira a um novo treinamento ensinando os procedimentos adequados para a composição de relatórios. Mais tarde, Olivia admitiu que "deveria ter tido mais juízo". Em suas próprias palavras: "Honestidade e integridade são coisas muito importantes para mim. Faço isso há mais de dez anos e jamais pensaria em violar as regras vigentes. Mas a pressão que nós sofríamos para cumprir as metas era tão grande e havia tantas coisas em jogo que, no calor da hora, acabei me esquecendo de quem eu era".

Quanto mais compreendemos nossos princípios, mais os interiorizamos. E quanto mais os interiorizamos, menos provável será que, num momento de impulsividade, nos esqueçamos de quem somos. Quando pessoas de bem cometem deslizes éticos ou jurídicos, ou violam as normas internas de uma empresa, isso não ocorre por não serem inteligentes ou bem treinadas, ocorre por não terem escutado sua própria sabedoria. Quando descobrimos e compreendemos nossos princípios, passamos a escutar mais de perto essa sabedoria. Erros como o de Olivia, bem como inúmeros outros que vemos no noticiário com tanta frequência, acontecem em questão de minutos, mas podem arruinar carreiras, prejudicar famílias inteiras e disparar reações em cadeia cujos efeitos negativos podem afetar um número incalculável de indivíduos.

Claro, há pessoas que tomam decisões antiéticas de propósito e que talvez não possuam essa sabedoria interior (ou a empurram para longe de sua consciência). Em minha experiência, entretanto, as pessoas realmente desonestas são exceção. Além disso, são tão egocêntricas que se tornam incapazes de compreender o estrago que suas escolhas provocarão. Para a maioria de nós, porém, o ato de nos reconectarmos com nossos princípios diminuirá as chances de não escutarmos a voz que nos ajudará a fazer a escolha certa em situações complicadas.

Se dermos a nós mesmos um pouco mais de espaço e o tempo de que necessitamos para identificar e examinar nossos princípios de liderança, é mais provável que consigamos acessá-los naqueles momentos decisivos mais nebulosos, ou quando aparecer uma oportunidade de mudar a rotina. Nossos princípios nos ajudam a encontrar a força necessária na hora de fazer escolhas difíceis, a assumir os riscos que não raro acompanham as ideias inovadoras e a abrir o coração para o sofrimento alheio.

Até aqui, já vimos alguns exemplos de princípios de liderança aplicados à vida real. No Capítulo 1, os princípios de liderança influenciaram a decisão de fazer o *recall* de um chocolate e, no Capítulo 6, o princípio da compaixão, fortemente arraigado na personalidade de Beth, levou-a à decisão de perguntar a Catherine: "Você está bem?". Em ambas as histórias, os líderes estavam sob pressão e poderiam ter feito escolhas diferentes. Se Beth ou a equipe que anunciou o *recall* estivessem menos conectadas com seus princípios – se, por exemplo, estivessem interessadas apenas nos resultados trimestrais ou no cumprimento de outros objetivos de curto prazo – o desfecho poderia ter sido bem diferente. Fazer escolhas com base em seus princípios de liderança não significa excluir todos os outros fatores envolvidos, mas é uma medida que o ajuda a ter uma visão mais geral das opções disponíveis. Ajuda a tomar a melhor decisão possível.

# CAPÍTULO 9

## Visualizar os pensamentos e as emoções com clareza

*Passei por coisas terríveis na vida. Algumas delas realmente aconteceram.*

Atribuído a Mark Twain

Da maneira indireta que lhe é típica, Twain nos relembra, nesse dito sarcástico, o quanto nossos próprios pensamentos geram preocupações, angústias e perturbações emocionais bem reais, mesmo que a ameaça originadora seja, totalmente ou em grande medida, imaginária. Nossa mente é capaz de escrever romances inteiros sobre o que acontecerá ou o que poderia acontecer no futuro. Quando imaginamos, tornamo-nos clarividentes – "sabemos" o que os outros pensam, dizem ou planejam. Julgamos a nós mesmos segundo padrões de conduta humanamente impossíveis de seguir. No curso desse processo, nossos pensamentos nos conduzem para longe do que está acontecendo aqui e agora.

Damos importância demais aos nossos pensamentos. Não raro os tomamos por fatos inquestionáveis quando, na verdade, não passam de ideias aleatórias que podem ou não ser verdadeiras. No processo de desenvolvimento da excelência em liderança, o passo seguinte no que concerne ao treinamento da mente é fazer dos pensamentos o objeto de nossa atenção. Essa meditação nos ajuda a entender o *processo do pensamento*. Com ela, começamos a enxergar em nossos pensamentos um pouco menos de concretude, abrindo espaço, assim, para que os vejamos com mais clareza e possamos decidir quais devem ser nossas respostas ou se não devemos nem agir.

## Meditação com os pensamentos e as emoções

Nos capítulos anteriores, a prática meditativa diária que propus concentrava-se sobre as diversas maneiras como o corpo vivencia e interpreta o mundo. Utilizamos a respiração, os sons e outras sensações corporais como objetos da atenção. Nesta prática, você utilizará primeiro os pensamentos e depois as emoções como objetos da sua atenção e treinará a mente usando o mesmo processo descrito no Capítulo 4. Comecemos recordando os quatro passos de uma prática diária de meditação:

1. Sente-se em uma posição confortável, na qual seu corpo permaneça imóvel e você se sinta apoiado. Não precisa de uma almofada de meditação, mas você pode usá-la se quiser. Uma cadeira comum, de encosto reto, é perfeitamente adequada.
2. Identifique um objeto sobre o qual sua atenção vai se concentrar. Para as práticas deste capítulo, você utilizará os pensamentos e as emoções como objetos para sua atenção.
3. Procure manter uma postura de curiosidade e abertura a qualquer coisa que você perceba. Não precisa transformar, controlar nem avaliar nada do que estiver percebendo.
4. Procure perceber quando sua atenção se desviar ou se dispersar e redirecione-a de volta ao objeto, sem julgar se está se saindo bem ou mal nisso.

## Tomar consciência dos objetos

▶ Para começar a prática, pode ser útil você concentrar a atenção na respiração por alguns minutos. Depois, quando estiver pronto, deixe as sensações respiratórias em segundo plano e concentre sua atenção nos seus pensamentos, em seu processo de aparecimento e dissolução. Trata-se de um convite à percepção do *processo de pensar*. Perceba um pensamento como somente isto: um pensamento. Tendemos a acreditar que nossos pensamentos são algo mais que uma "secreção da mente", para usar a descrição de Jon Kabat-Zinn. Na verdade, nossos pensamentos podem ou não ser compassivos, podem ou não estar em harmonia com nossos valores, podem ou não julgar corretamente uma situação ou um indivíduo. O que é certo é que nossos pensamentos não somos "nós". Somos muito maiores que nossos pensamentos. Se isso não fosse verdade, como poderíamos, durante uma sessão de meditação, perceber que um pensamento surgiu?

Durante a sua prática, pode ser que você note o surgimento de um pensamento sobre o clima, um item de sua lista de tarefas ou uma memória do tempo da faculdade. Não é preciso *fazer* nada com ele. Apenas o perceba quando ele surgir, e também quando sumir, talvez para dar lugar a um outro. Seja o que for que você perceba – um pensamento individual seguido de um vazio ou de uma avalanche de pensamentos, um seguido do outro rapidamente – apenas pratique, com abertura e curiosidade, sua percepção do processo cognitivo. Não se trata de esvaziar a mente ou mudar o curso dos processos. Não será uma "meditação melhor" se você notar que está tendo menos pensamentos. O objetivo é perceber o que está aqui, seja o que for e como for.

O fato de que certos pensamentos tendem a gerar outros pode afetar sua prática. Nesse caso, em vez de perceber o surgimento e desaparecimento dos pensamentos, sua reação é pensar mais. Pode ser que você comece a tentar resolver problemas, planejar etapas posteriores ou desvendar a essência de um pensamento. Quando perceber que isso está acontecendo, simplesmente abandone a torrente de pensamentos e retorne à percepção do processo do pensamento.

Com essa prática, você cultivará uma forma diferente de relacionar-se com a sua mente. Em vez de analisar cada pensamento, reagir a cada pensamento ou pensar mais sobre um pensamento, você simplesmente deixa sua mente repousar na consciência do pensar. Com isso, estará criando um espaço a partir do qual poderá enxergar seus pensamentos com mais clareza. Essa clareza, por sua vez, pode ajudá-lo a escolher com mais intencionalidade a quais pensamentos vai reagir, ignorando os demais. Também pode ajudá-lo a enxergar o automatismo ou o condicionamento de suas reações, bem como os pensamentos que podem estar drenando sua energia ou reduzindo seu potencial para a criatividade e a compaixão.

Praticando esse tipo de exercício com nossos pensamentos, aprendemos a identificar com mais facilidade aqueles momentos em que parece se travar uma batalha interior entre nossa intuição e nossa mente pensante. Marcel, um empreendedor e autor francês, descreve bem essa luta.

> Eu era dono de um negócio muito bem-sucedido que estava apenas no início de sua trajetória de crescimento. Gostava do meu trabalho, mas ainda assim tinha um pressentimento, bem lá no fundo, de que devia vendê-lo. Para todos os meus colegas de maior confiança, a ideia era uma loucura.
>
> Por que é que eu deveria pensar nessa possibilidade, se justo naquele momento todo o meu trabalho estava prestes a ser recompensado? Às vezes, porém, eu sentia um forte impulso de dar um rumo diferente à minha vida, embora não soubesse exatamente que rumo seria esse. Por várias semanas, limitei-me a conviver com essa incerteza, buscando perceber meus pensamentos – dúvidas, críticas, julgamentos. Vez ou outra, tinha uma impressão mais clara de que era hora de tomar uma providência. Por fim, a decisão se tornou clara. E no dia em que assinei a venda do negócio, senti em mim um surto de energia. A escolha condizia com os valores que eu mais prezava e me senti muito feliz com a decisão.

### *Bolas de pingue-pongue*

Esta prática também pode ser particularmente importante naqueles dias em que sua cabeça parece prestes a explodir, tantos são os pensamentos que pululam na sua mente. Phyllis, vice-presidente de uma companhia da área da ciência dos alimentos, descreve a experiência que teve com essa prática em um dia difícil.

> Estávamos no meio de uma auditoria em que analisávamos alguns problemas potenciais de segurança que chamaram a atenção de nossa direção no final do expediente de uma segunda-feira. Meu departamento não estava preparado para lidar com a enxurrada repentina de perguntas e solicitações de informação. A quantidade de compromissos em minha agenda já tinha triplicado e mesmo que eu tenha chegado às 7h da manhã na terça-feira – noventa minutos antes do habitual – não tinha ideia de como conseguiria fazer tudo o que estava previsto. Em minha agenda, já estava marcada para às 8h30 a prática de meditação consciente que realizamos todas as terças-feiras em meu prédio, mas eu sabia que, naquele dia, eu não poderia usar trinta minutos do meu dia para aquele exercício, de jeito nenhum. Então, mergulhei de cabeça no trabalho e comecei a fazer todo aquele malabarismo com as solicitações de informação, as exigências de rapidez e a responsabilidade de escolher entre prioridades conflitantes.
>
> Mesmo assim, perto das 8h30, acabei me dirigindo às pressas à sala de reuniões onde se realizaria a prática de meditação. Estava alguns minutos atrasada e o exercício já tinha começado quando eu abri a porta e me joguei na cadeira. Comecei a praticar com as sensações do corpo e logo notei que meu pescoço estava tenso e minha respiração, superficial. Também percebi a frequência com que minha atenção se desviava da respiração.
>
> Quando chegou a hora de mudar de objeto e concentrar a atenção nos pensamentos, veio-me a imagem de milhares de bolas de pingue-pongue pulando em minha cabeça, cada uma delas correspondente a um pensamento. Logo no início no exercício, as bolas se juntaram formando uma corrente que fluía através de mim. Um tempo

> depois, também percebi que minha respiração, naquele momento, concentrava-se na barriga e que meu pescoço estava menos tenso. Quando tocaram os sinos que marcavam o fim da prática, eu já conseguia penetrar naquela corrente e escolher que bolas deveria pegar primeiro e como iria lidar com os compromissos da manhã. Eu tinha encontrado espaço para liderar fazendo escolhas conscientes em vez de tentar reagir a cada um dos pensamentos que pulavam na minha cabeça.

A experiência meditativa de Phyllis naquela manhã ajudou-a a tomar consciência dos mecanismos da mente em incessante estado de atribulação. Graças a isso, ela conseguiu encontrar uma forma de apaziguar essa atribulação o bastante para que pudesse fazer algumas escolhas conscientes.

Praticando a meditação cujo objeto de foco são os pensamentos, você também começará a tomar consciência de certos comportamentos habituais e dos pensamentos que os precedem. E verá surgir a oportunidade de escolher conscientemente o que fazer em seguida, em vez de reagir da mesma maneira como sempre reagiu. Recentemente, Simon, presidente de marketing de uma cadeia de lojas de roupas, explicou essa experiência a seus colegas em uma sessão de meditação consciente para líderes:

> Eu passara o dia fazendo pausas intencionais esporádicas, procurando perceber principalmente os pensamentos e os comportamentos mais típicos que eu tinha durante as reuniões com a minha equipe. Para me guiar nessa experiência, eu empregava perguntas simples que tinha aprendido nas aulas de liderança consciente:
>
>> O que estou percebendo em minha mente e em meu corpo?
>> O que é preciso fazer agora?
>
> Sempre encontrava respostas parecidas para a primeira pergunta. Além disso, percebi uma espécie de tensão no corpo, não muito forte,

> como se eu estivesse em estado de alerta; bem como um fluxo constante de diretrizes, ideias e questões se estruturando em minha mente. Mas, quando fazia a mim mesmo a segunda pergunta, quase sempre obtinha a mesma resposta: "Cale a boca!".

Ouvindo isso, os líderes presentes sorriram e balançaram a cabeça. Simon continuou:

> No meio das reuniões com minha equipe, eu percebia que me vinham à mente pensamentos com soluções para um problema qualquer em discussão naquele momento. Porém, se fazia uma pausa e perguntava a mim mesmo qual era a escolha mais acertada naquele instante, percebia as palavras "cale a boca" surgindo em minha cabeça.
>
> Então, comecei a escutar aquele conselho e resistir à tentação de interferir e dar minha opinião. Percebi que, quando eu fazia isso, a equipe acabava descobrindo novas ideias, geralmente melhores. E o que é mais importante: me dei conta de que estava contribuindo genuinamente para o desenvolvimento de cada um dos integrantes da equipe, pois todos davam mais de si mesmos e aprendiam juntos. Com meu esforço de não interferir prematuramente para resolver os problemas com base em experiências que funcionaram no passado, dei aos outros integrantes da equipe espaço para apresentar novas ideias. Isso foi útil para a empresa e tornou a equipe mais engajada e unida.

## Conscientizar-se das emoções

Vimos que é possível concentrarmos a atenção sobre o processo de pensar, sem que, para isso, tenhamos de acumular mais pensamentos ou atribuir a eles mais importância do que lhes é devida. Podemos realizar o mesmo tipo de prática tendo como objeto focal nossas emoções.

Comece praticando com a respiração por alguns minutos. Quando estiver pronto, deixe as sensações da respiração em segundo plano e concentre sua atenção nas emoções, procurando percebê-las conforme forem surgindo e desaparecendo.

Exatamente como a respiração, os sons e os pensamentos, as emoções têm começo e fim. Este exercício pode ser difícil no início, pois em geral não fomos treinados para sermos curiosos a respeito de nossas emoções. É mais provável que lhe tenham ensinado a repeli-las, sobretudo se causarem desconforto. Às vezes, pode ser difícil até saber o que estamos sentindo. Então, seja paciente consigo mesmo.

Uma boa maneira de exercitar com as emoções é reconhecer que, muitas vezes, as sentimos no corpo antes de tomarmos consciência delas. Por exemplo, sentimos náuseas antes de entendermos que estamos nervosos por causa da reunião de fim de ano que teremos com nosso diretor na tarde que se aproxima. Ou percebemos as lágrimas em nossos olhos antes mesmo de identificá-las como fruto do amor que sentimos por nosso filho ao vê-lo atravessar o palco na cerimônia de formatura. Quando prestamos atenção às emoções, também começamos a perceber as sensações corporais relacionadas a elas.

Durante o exercício, você pode relaxar meditando e limitar-se a perceber as emoções que for experimentando exatamente como são. Não é necessário realizar o ato de pensar. Por exemplo, se você estiver praticando com suas emoções e perceber que está sentindo raiva, limite-se a notar que *isto é a raiva*. Não é preciso desmembrá-la através de raciocínios ou análises como: *por que estou com raiva*; *eu deveria aprender a perdoar mais*; *por que ela é tão complicada*; *ele fez isso de propósito* etc. Somos mestres em pensar desse jeito e quase sempre isso é contraproducente. Quando esse tipo de discurso começar na sua cabeça, livre-se dele intencionalmente e volte ao exercício de tentar perceber as emoções: *isto é a raiva*, é nesta parte do meu corpo que eu sinto a raiva.

O objetivo desta prática não é repelir as emoções, mas sim cultivar sua capacidade de vê-las e senti-las com mais clareza, para que você consiga se entender melhor ou escolher como responderá a uma emoção quando ela aparecer, em vez de reagir de maneira pré-condicionada. As emoções são parte importante daquilo que somos e influenciam muito a maneira como lidamos com as circunstâncias da vida. No Capítulo 12, exploraremos mais a fundo o papel das emoções na liderança.

## Como incluir a meditação dos pensamentos e das emoções na sua prática diária

Acrescente essas práticas de percepção dos pensamentos e das emoções às outras que você já realiza diariamente. Por exemplo, você pode começar uma sessão praticando com a respiração por alguns minutos e depois, quando sua mente estiver estável e concentrada, mude de objeto focal, passando a concentrar-se nos pensamentos e nas emoções pelo resto do tempo. Ou então você pode alternar entre as práticas – por exemplo, praticando a percepção da respiração de manhã por dez minutos, e a dos pensamentos e das emoções à noite, também por dez minutos. Você também pode expandir em cinco ou dez minutos a duração das suas práticas quando começar a experimentar a meditação dos pensamentos e das emoções. Esse tempo adicional costuma ser bom para nos tornarmos mais conscientes de nosso processo de pensamento e para experimentarmos a ampla gama de emoções que somos capazes de sentir.

# CAPÍTULO 10

# Espaço na agenda: urgente *versus* importante

*As coisas que realizamos fazem diferença, e é preciso escolher que tipo de diferença queremos fazer.*

JANE GOODAL

"Parece que estou sempre no meio de uma batalha interior. Há aspectos do meu trabalho e da minha vida que eu sei que são importantes, mas parece que são sempre postos de lado por causa das urgências. O problema é que o urgente, em geral, não é tão importante. Apenas grita mais alto."

Enquanto Carey compartilhava sua frustração com um grupo de colegas de trabalho, um bando de cabeças balançavam em sinal de concordância. Quando lhe pedi que nos dissesse o que achava que o levara a essa situação, ele parou por uns instantes e disse: "Acho que os dias simplesmente fogem de mim".

Como será que os dias "simplesmente fogem" de nós? Na maior parte das vezes, isso acontece porque abdicamos da responsabilidade de escolher com clareza como devemos empregar nosso tempo. Limitamo-nos a observar enquanto nossa agenda se enche completamente de compromissos e depois se sobrecarrega com o dobro do que somos capazes de cumprir, ou até mesmo com o triplo. Então, damos de ombros e aceitamos isso como um fato: "É assim que as coisas são". Mas será que precisa ser assim?

Por exemplo, em vez de fazer escolhas conscientes, você aceita participar de todas as reuniões a que é chamado, por pressupor que, se foi convidado, é porque alguém deve achar que a sua participação é estritamente necessária? Além disso, você por acaso continua acreditando nesse pressuposto, mesmo já tendo participado de várias reuniões em que ficou sentado por mais de uma hora, apenas para perceber que elas tinham pouco ou nada a ver com suas necessidades de trabalho ou seus objetivos?

Muitas vezes, nosso dia se enche de reuniões "urgentes" porque temos dificuldade de nos libertarmos de certas funções delegando-as à nossa equipe ou a outro departamento. Convencemo-nos de que nossas habilidades e nossa experiência serão necessárias e darão os resultados mais eficientes e eficazes para todos os envolvidos. Embora possa haver um quê de verdade nisso, também é fato que o mundo hoje é bem diferente do que era no passado (mesmo o passado recente), de modo que contar com a visão de pessoas mais novas, livres das amarras do passado, pode ser uma vantagem. Além disso, para que as pessoas desenvolvam suas habilidades, é preciso lhes dar liberdade, deixá-las aprender e explorar. Será que não podemos cultivar em nós mesmos a disciplina necessária para decidir quando assumir um compromisso pessoalmente e quando deixar que outros cuidem dele para nós, ou quando desempenhar o papel de treinador ou de cobaia para os outros?

Às vezes, o que acontece é que a definição de "urgente" de outra pessoa atrapalha a sua agenda. Muitos anos atrás, quando eu trabalhava para a Nabisco, tive uma reunião com Miguel, um cientista experiente, sobre um projeto estratégico que estávamos liderando. Mais ou menos na metade da reunião, Jon, um funcionário mais jovem, interrompeu a conversa trazendo um documento para Miguel assinar com urgência. Jon, que estava sempre perdendo prazos ou cumprindo-os na última hora, pediu desculpas por interromper, mas tinha certeza de que entenderíamos. Afinal, aquilo era *urgente*. Mas Miguel sabia que o jovem estava sempre enrolado com urgências e decidiu enviar-lhe um sinal de alerta. Olhou-o bem fixamente e disse: "O fato de você não ter conseguido se planejar não cria uma urgência para mim. Por favor, marque uma hora com a minha secretária".

Já pensei muito nessa frase e na escolha de Miguel. Ao dizer aquilo, o cientista não apenas priorizou o projeto, que era mais importante para a empresa, como também ensinou ao jovem uma lição importante em uma fase crucial de sua carreira, que então se iniciava. É muito comum sermos engolidos pelas emergências de outras pessoas. E ao aceitá-las, talvez estejamos até mesmo ensinando a quem está ao nosso redor que não há problema algum com essa atitude. Isso é mais verdadeiro ainda quando trabalhamos para uma instituição beneficente ou em um departamento de serviço ao cliente. Nesse caso, nos orgulhamos de estar sempre à disposição, de aparecer para ajudar a qualquer momento. Isso é até louvável. Mas, na busca pela excelência na prestação de serviços, será que não estaríamos prejudicando, com essa atitude, nossa própria capacidade de atender às verdadeiras prioridades da empresa e, ao mesmo tempo, criando nos outros o hábito de transformar sua falta de planejamento em emergências para nós? É bom ser parte de uma equipe e largar tudo para ajudar os outros no caso de uma urgência de verdade. No entanto, quando você percebe que quase todos os dias estão repletos de "crises" que demandam sua atenção imediata, provavelmente chegou a hora de parar e perguntar se não é necessário mudar as coisas.

Nossa agenda também pode ficar lotada como resultado de nossas próprias ideias preconcebidas. Por exemplo, caímos na armadilha de nossa própria mente, que nos impele a comparecer a todas as reuniões para não perdermos alguma coisa que possa contribuir para o nosso crescimento na carreira ou para que não percamos a oportunidade de sermos vistos pelos membros da diretoria executiva. Criamos narrativas em nossa cabeça, segundo as quais todos darão por nossa falta ou pensarão que não estamos totalmente comprometidos com a empresa se não comparecermos. Essas narrativas podem ser verdadeiras, mas também podem ser mitos derivados de nosso sentimento de temor ou ansiedade.

Seja como for, gastamos a maior parte de nossos dias não com coisas que são as mais importantes, ainda que estas nunca cheguem a se distanciar de nossa mente. Ao mesmo tempo que vivemos atribulados tentando atender aos compromissos urgentes, sentimos cada vez mais a necessidade de cuidar do que é mais importante, e o peso desse conflito interior nos oprime.

Em muitos casos, esse conflito nos leva a perceber que, embora nossos dias sejam tão atribulados que caímos na cama exauridos toda noite, não nos concentramos naquilo que sabemos que é o mais importante: o planejamento estratégico, as ideias inovadoras que precisamos desenvolver, o empregado que precisa de apoio e treinamento, nossa vida pessoal ou nosso bem-estar. Vemos o dia repleto de reuniões de um lado, e nossa lista de responsabilidades, do outro, e parece que algo está errado. Precisamos encontrar uma maneira de lidar com os compromissos diários com eficácia, sem deixar que eles "fujam de nós", como bem notou Carey.

Pode ser útil, portanto, explorarmos um pouco mais a fundo a maneira como empregamos nosso tempo diário.

## Uma pesquisa sobre como organizamos nosso dia

Como faria qualquer grupo que quisesse implementar um novo programa de treinamento, perguntamo-nos se seria possível verificar alguns dos efeitos do treinamento em liderança consciente no ambiente de trabalho. Então, com a ajuda de alguns especialistas em pesquisa de comportamento, desenvolvemos um questionário de 90 perguntas e o distribuímos entre 72 funcionários. Esses funcionários representavam todos os níveis hierárquicos de uma empresa e estavam inscritos no curso Liderança Consciente e Bem-Estar, de nosso instituto. Eles responderam à pesquisa duas semanas antes de o curso começar e, novamente, duas semanas depois de seu término. As questões giravam em torno das experiências no trabalho. Pedia-se aos entrevistados que classificassem a experiência que tinham das afirmações apresentadas, em uma escala que ia de "quase sempre" a "quase nunca" (ver as tabelas a seguir). Suas respostas não apenas nos fornecem informações sobre os efeitos do treinamento, como também nos dizem algo sobre as realidades do trabalho nos dias de hoje, bem como as consequências da batalha interior entre o urgente e o importante.

**Tabela 1: "Na maior parte dos dias, consigo arranjar tempo para estabelecer prioridades em meu trabalho"**

| Classificação | Antes do curso (%) | Depois do curso (%) |
|---|---|---|
| 1. Quase sempre | 6 | 13 |
| 2. Com muita frequência | 14 | 42 |
| 3. Com alguma frequência | 28 | 30 |
| 4. Com pouca frequência | 28 | 11 |
| 5. Muito raramente | 19 | 4 |
| 6. Nunca | 6 | 0 |

Apenas uma porcentagem muito pequena dos funcionários consegue estabelecer prioridades em seu trabalho de maneira constante – o que, talvez, não seja algo tão surpreendente. Apesar de sabermos que estipular prioridades pode nos ajudar a encontrar o espaço necessário para nos dedicarmos ao que é mais importante, em geral não fazemos isso. Talvez estejamos numa correria tão grande nessa nossa vida sobrecarregada de compromissos que acreditamos ser simplesmente incapazes de parar por tempo o bastante para estabelecer prioridades. Ou talvez acreditemos que, se continuarmos correndo, acabaremos chegando lá e teremos tempo para tudo. Mas será que está funcionando?

A tabela 1 também nos mostra a visível transformação por que passaram os participantes depois de apenas sete semanas de treinamento em liderança consciente. O ambiente onde essas pessoas trabalhavam continuou o mesmo. Não obstante, as respostas mudaram muito. Se, antes do curso, apenas 20% dos funcionários diziam estabelecer prioridades "quase sempre" ou "com muita frequência", depois esse número subiu para 55%. É importante ressaltar que o programa do curso inclui um exercício que tem a agenda como tema. Nele, os alunos aplicam as técnicas da liderança consciente para organizar sua agenda diária. O exercício, que explicarei mais adiante neste capítulo, ajuda as pessoas a examinarem com mais atenção a maneira como estão empregando seu tempo. O primeiro passo, porém, é questionar o pressuposto de que não somos capazes de arranjar o tempo necessário para priorizar o que é mais importante.

**Tabela 2: "Na maior parte dos dias, consigo arranjar tempo para eliminar algumas tarefas/reuniões menos produtivas"**

| **Classificação** | **Antes do curso (%)** | **Depois do curso (%)** |
|---|---|---|
| 1. Quase sempre | 3 | 13 |
| 2. Com muita frequência | 6 | 30 |
| 3. Com alguma frequência | 39 | 38 |
| 4. Com pouca frequência | 26 | 15 |
| 5. Muito raramente | 22 | 4 |
| 6. Nunca | 4 | 0 |

A ênfase na produtividade nunca foi tão intensa no mundo dos negócios. Com a concorrência em nível mundial, veio a necessidade de usar cada momento com sabedoria. No entanto, em nossa pesquisa, apenas 9% disseram-se capazes de arranjar tempo para eliminar algumas reuniões ou tarefas menos produtivas "quase sempre" ou "com muita frequência" – e lembre-se de que o questionário foi distribuído entre funcionários de uma empresa reconhecida como uma das melhores. Em geral, sabemos que estamos desperdiçando um tempo valioso. Mesmo assim, não fazemos escolhas conscientes e, por isso, continuamos comparecendo a reuniões e cumprindo tarefas, mesmo que haja uma maneira melhor e mais eficiente de fazer nosso trabalho.

É verdade que nem sempre podemos nos dar ao luxo de dizer não a uma reunião ou a um pedido. Ainda assim, olhando com sinceridade para a sua agenda diária, será mesmo que não há nenhuma mudança que você possa fazer, ou ao menos sugerir, para diminuir o desperdício? Em minha experiência, quando questionamos o *status quo* e fazemos uma sugestão ponderada que tenha o efeito de gerar tempo livre para todos, as pessoas geralmente reagem com enorme gratidão.

Será que, se dedicássemos alguns minutos a procurar por alternativas a essas reuniões ou tarefas pouco produtivas, isso não geraria benefícios que nos pagariam com dividendos o tempo que gastamos para lançar um olhar crítico sobre nossa agenda e fazer escolhas conscientes e sugestões criativas? Antes de decidir que isso não vai dar certo, dê uma olhada nos números posteriores ao curso na tabela 2. Depois de apenas sete semanas, os 9% capazes de eliminar o desperdício de tempo subiram para 43%. Outra constatação, igualmente importante, foi que os que marcaram "muito raramente" ou "nunca" caíram de 26% para apenas 4%.

**Tabela 3: "Consigo manter-me plenamente atento nas reuniões, videoconferências e apresentações de que participo"**

| **Classificação** | **Antes do curso (%)** | **Depois do curso (%)** |
|---|---|---|
| 1. Quase sempre | 6 | 13 |
| 2. Com muita frequência | 25 | 62 |
| 3. Com alguma frequência | 42 | 21 |
| 4. Com pouca frequência | 21 | 4 |
| 5. Muito raramente | 6 | 0 |
| 6. Nunca | 1 | 0 |

O que se sabe, então, sobre a maneira como participamos dessas reuniões e chamadas que preenchem nossa agenda? Sabe-se que não nos mantemos muito atentos a elas. De fato, apenas 31% dos pesquisados acreditavam ser capazes de manter-se totalmente atentos na maior parte do tempo durante esses compromissos (primeiras duas linhas da tabela 3). Para o restante deles, tanto podia ser que conseguissem como que não conseguissem. Qualquer um de nós é capaz de perceber que nossa mente está sempre sendo desviada do presente, inclusive naqueles momentos em que tentamos prestar atenção na fala de alguém durante uma reunião ou na pessoa que está do outro lado do telefone. Imagine o ganho de produtividade que teríamos se todos os indivíduos sentados a uma mesa de reunião estivesse *efetivamente ali*. Mas o fato é que, em um período de tempo relativamente curto, o treinamento em comunicação consciente fez com que as marcações nas duas primeiras linhas da tabela passassem de 31% para 75%.

**Tabela 4: "Sou capaz de notar quando minha atenção se desvia e de redirecioná-la ao presente"**

| Classificação | Antes do curso (%) | Depois do curso (%) |
|---|---|---|
| 1. Quase sempre | 4 | 26 |
| 2. Com muita frequência | 25 | 51 |
| 3. Com alguma frequência | 50 | 23 |
| 4. Com pouca frequência | 11 | 0 |
| 5. Muito raramente | 8 | 0 |
| 6. Nunca | 1 | 0 |

Como pode haver uma mudança tão grande na percepção das pessoas acerca de sua capacidade de manter-se atentas durante as reuniões ou chamadas, ou enquanto trabalham no computador? A tabela 4 responde a essa pergunta e ilustra o impacto do treinamento básico em liderança consciente sobre o desenvolvimento de nossa capacidade de concentração. Aqueles que participaram do curso percebiam quando sua mente se distraía e eram capazes de redirecionar sua atenção de volta ao momento presente. As respostas de antes e depois nas duas primeiras linhas da tabela para essa questão da pesquisa são praticamente idênticas àquelas da questão anterior. O exercício de redirecionar a atenção quando ela se desvia das sensações da respiração durante a prática meditativa diária, por exemplo, ensina-nos a perceber quando a mente se distancia do momento presente em qualquer situação e a redirecioná-la ao assunto em discussão. Essa habilidade de concentrar a atenção e de reconcentrá-la quando nossos pensamentos nos carregam para outro lugar aumenta nossa capacidade de nos manter presentes em nossa vida.

**Tabela 5: "Parece que estou funcionando no piloto automático, sem muita consciência do que estou fazendo"**

| **Classificação** | **Antes do curso (%)** | **Depois do curso (%)** |
|---|---|---|
| 1. Quase sempre | 6 | 0 |
| 2. Com muita frequência | 29 | 8 |
| 3. Com alguma frequência | 22 | 11 |
| 4. Com pouca frequência | 28 | 53 |
| 5. Muito raramente | 11 | 25 |
| 6. Nunca | 4 | 4 |

Talvez as respostas dessa questão sejam as mais intrigantes e reveladoras de toda a pesquisa. Às vezes, temos a sensação de que os dias fogem de nós, para usar as palavras de Carey, e quando esses 72 funcionários pararam por tempo o bastante para refletir e responder a essa questão, verificou-se que mais de um terço deles acreditava estar fazendo as coisas ao sabor do vento, "sem muita consciência" do que estavam fazendo, na maior parte do tempo!

Minha nossa! Não é de admirar que nos deixamos dominar pelas urgências e não paramos para cuidar direito das coisas importantes! Imagine o impacto que isso exerce sobre nossa capacidade de criatividade, clareza e compaixão. Precisamos encontrar um jeito de empregar nosso tempo em consonância com o que sabemos ser importante.

Vejamos, então, de que maneira um esforço de reflexão com base na liderança consciente pode ajudá-lo a recuperar o domínio de sua agenda e ampará-lo em sua intenção de cuidar do que é importante em vez de ficar sempre correndo atrás das urgências.

## Reflexão sobre a agenda

Nesta reflexão, você vai, mais uma vez, desenvolver práticas meditativas usando as sensações do corpo, os pensamentos e as emoções como objetos sobre os quais deverá concentrar a atenção. Para fazer o exercício, você precisará de uma cópia de parte de sua agenda que corresponda a um dia típico de trabalho.

1. Sente-se em uma posição confortável, na qual seu corpo permaneça imóvel e apoiado. Quando estiver pronto, dirija sua atenção às sensações do corpo, incluindo as da respiração. Tente perceber quando sua mente for atraída para outro lugar, ou quando se distrair, e redirecione a atenção para as sensações corporais. Continue a prática por mais alguns minutos, sempre se concentrando nas sensações.
2. Comece a ler a cópia de sua agenda lentamente, como se jamais a tivesse visto antes, um horário de cada vez, prestando muita atenção às sensações que forem surgindo no corpo, assim como em quaisquer pensamentos e emoções que as acompanhem. Encare com receptividade e curiosidade tudo aquilo que perceber. Tente notar quando sua mente ficar presa à resolução de problemas ou começar a tecer juízos de

valor sobre alguma reunião marcada na agenda. Se isso acontecer, liberte-se e retorne à leitura vagarosa dos compromissos e das tarefas do dia.

3. Por acaso, essas sensações, pensamentos e emoções lhe são familiares? O que mais você sabe sobre elas? Pode ser útil fazer uma lista do que você percebeu. Procure fazer desta reflexão o tema de sua pausa intencional da manhã por umas duas semanas. O que mudou em sua lista depois disso? Ou será que permaneceu igual?

A reflexão sobre a agenda é uma forma de aprender algo sobre nós mesmos e sobre como empregamos nosso tempo diariamente. Sua linguagem corporal provavelmente lhe revelará algo sobre certas reuniões e sobre seu dia em geral. Por acaso, seu pescoço ficou tenso na hora em que você viu aquele relatório semanal? Sentiu náuseas quando se deu conta daquele prazo final de entrega? Ou talvez tenha sentido um aperto no peito ao ver sua interminável lista de tarefas na agenda já lotada.

Ou então, como é comum acontecer, talvez você tenha percebido uma sensação de cansaço tomando conta do seu corpo. Quando paramos para pensar na intensidade e na velocidade do nosso dia, a simples leitura de nossa lista de compromissos pode desencadear uma forte onda de fadiga.

O que seu corpo está lhe contando? Seja curioso. Comece a questionar os paradigmas que podem tê-lo levado a crer que não haja outra opção senão ter uma agenda lotada de reuniões e mais reuniões, sem nenhum tempo para estabelecer prioridades ou escolher de maneira consciente os horários em que serão encaixados os itens importantes de sua lista de tarefas. Será que a agenda que os outros – em grande medida – criaram para nós está gravada em pedra?

Ao seguir essa prática, você conseguirá fazer escolhas de maneira mais intencional. Qual seria a melhor forma de empregar seu tempo? Por que você vai a tantas reuniões? Será que as pessoas certas estão se juntando nas reuniões certas? Onde está, em seu dia, o espaço dedicado a você mesmo?

Eis algumas observações que diversos líderes fizeram sobre sua agenda depois de experimentarem essa reflexão em retiros e *workshops* de nosso Instituto:

> "São tantas as reuniões, porque a cultura em meu ambiente de trabalho é de tanta competição que há uma impressão geral de que a visibilidade constante é algo necessário quando se deseja crescer na carreira."
>
> "Trabalho em uma cultura na qual todos precisam saber tudo. E eu me pergunto: por quê?"
>
> "Minha agenda está repleta de reuniões às quais dois ou três membros do meu departamento comparecem por falta de confiança e porque nossa matriz organizacional é ineficiente."
>
> "Digo sim quando me chamam para uma reunião simplesmente por ainda estar atolado demais nos detalhes, quando, na verdade, eu deveria dedicar mais tempo ao meu planejamento estratégico."
>
> "Minha empresa acredita em reuniões antes das reuniões, e em reuniões no corredor antes disso!"
>
> "Minha agenda é tão lotada que não tenho tempo para almoçar. Não é de admirar que eu sinta dores de cabeça a tarde toda."
>
> "Cinquenta mil funcionários têm poder de inserir compromissos em minha agenda. Apenas um não tem: eu!"
>
> "As coisas mais importantes nunca estão na minha agenda. Isso vale tanto para o meu trabalho como para a minha vida pessoal!"
>
> "Estou no meio de um projeto importantíssimo. Só hoje tenho quatro reuniões sobre o assunto e nenhuma delas fará com que o projeto avance."
>
> "Preciso abandonar essa ideia de que minha carreira depende de que eu apareça em todas as reuniões."

A reflexão sobre a agenda também levanta outras questões, por exemplo: de que maneira podemos dar às equipes que lideramos espaço para que cresçam; como a simples falta de espaço na agenda diária pode gerar obstáculos à inovação; ou por que caímos na tentação de reagir às situações apenas para tirar algum item de nossa lista de tarefas. Essas descobertas e muitas outras começam com o simples ato de fazer uma pausa intencional por alguns minutos todos os dias. Valendo-se de suas sensações corporais para guiá-lo no empenho de absorver meticulosamente as informações da sua agenda, você deve perguntar a si mesmo com honestidade: Será que preciso fazer mudanças para ser mais produtivo hoje? Ou mais estratégico? Ou ter mais compaixão?

Enquanto se esforça para ler sua agenda, você percebe sensações de frustração, angústia ou raiva? Pergunte a si mesmo se precisa alterar as prioridades do dia para reagir a essas emoções com clareza, criatividade e compaixão. Por acaso você percebe o surgimento de pensamentos do tipo "não há nada que eu possa fazer"? E será que isso é mesmo verdade?

À medida que essa pausa intencional for se integrando às suas práticas de liderança consciente, provavelmente chegará um dia em que você se sentirá bastante confortável com o conteúdo de sua agenda. Então, pergunte a si mesmo: O que há de diferente nesse dia? Será que ele está completamente alinhado com seus princípios de liderança? Nesse dia, você se deu conta de que estamos todos conectados, talvez com algum envolvimento da comunidade? Há nele algum período dedicado a algo que lhe desperte a paixão, que é a razão pela qual você decidiu fazer o que faz, afinal de contas? Essa razão consiste em cuidar dos assuntos que você considera mais importantes? Há algo que você possa fazer para que esse tipo de dia se repita com mais frequência?

Rosalyn, diretora de marketing de uma grande e bem-sucedida multinacional, resolveu comparar dois dias consecutivos em sua agenda. Ambos estavam igualmente cheios de reuniões e videoconferências. A única diferença era que o segundo dia começava meia hora depois do normal porque ela reservara o primeiro horário para se despedir do filho, que iria para o jardim de infância pela primeira vez.

De início, Rosalyn ficou confusa com as diferenças que sentiu em seu corpo ao olhar para os dois dias na agenda. As reuniões do primeiro dia geraram, quase instantaneamente, uma tensão em seu pescoço e uma enxurrada de pensamentos a respeito de prazos a cumprir. Para o segundo dia, as sensações foram quase imperceptíveis. Na verdade, ela sentiu até uma certa leveza ao pensar naquele dia. Refletindo sobre a experiência, Rosalyn finalmente encontrou a explicação:

> Quando reservei aquele horário na agenda para me despedir do meu filho em seu primeiro dia no jardim de infância, achei que estava fazendo isso por ele. Achei que ele iria gostar que eu estivesse lá para acompanhá-lo até o ônibus e lhe acenar quando ele saísse. Tudo isso é verdade. Mas ele é o meu filho caçula, meu menino, e hoje percebo que não estava fazendo aquilo por ele, mas por mim. Não me lembro da última vez que marquei em minha agenda um horário que fosse para mim.

Rosalyn descobriu que o ato de abrir um pouco de espaço na agenda para nós mesmos é muito alentador e pode transformar a maneira como vivenciamos o dia. Agendar horários para nós mesmos não é egoísmo. Na verdade, encontrar meios de reconfortar nossa alma e cuidar de nossas necessidades é algo que *precisa* ser incluído na agenda, pois todos sabemos que, se uma coisa não está na agenda, ela não acontece.

Escolher o que incluir na agenda demanda disciplina e muito comprometimento. Mas não precisamos fazer isso de uma vez só. Uma pequena mudança é capaz de fazer com que o dia pareça mais livre e pode abrir espaço para trabalharmos o que é mais importante. Comece com um só passo. Ao final de sua pausa intencional diária dedicada à reflexão, escolha um único item em sua agenda e altere-o para que você possa dar um passo rumo ao espaço de que necessita para trabalhar com o que é mais importante. Ou identifique apenas uma sugestão ou prática saudável que deseje explorar com seus colegas a fim de eliminar uma tarefa ou reunião de sua agenda.

Essa reflexão leva apenas alguns minutos no início do dia, mas pode significar a diferença entre liderar no piloto automático e liderar com excelência.

**TERCEIRA PARTE**

# COMO ALCANÇAR PLENAMENTE SUA CAPACIDADE COMO LÍDER

# CAPÍTULO 11

## Liderar pela inspiração, não pela expectativa

*Se suas ações inspiram os outros a sonhar mais, aprender mais, fazer mais e ser mais, você é um líder.*

John Quincy Adams

Como inspirar pessoas cujo trabalho é criar uma caixa de cereal matinal Chex ou de mistura para bolo Betty Crocker? Afinal de contas, são apenas duas entre centenas de marcas disponíveis no mercado. Embora o trabalho seja louvável, será que existe alguma forma de um líder inspirar toda uma vasta coletividade de funcionários pagos para levar esses produtos dos vagões do trem até a despensa do consumidor? E por que isso deveria ser importante? Não será suficiente dizer aos funcionários os números anuais de que a empresa precisa para manter todo mundo empregado e dar-lhes um bônus ou um aumento anual? Em outras palavras, é suficiente liderar com base em expectativas de desempenho?

Será que se ganha alguma coisa liderando por inspiração?

Sim, e muito. As pessoas desabrocham quando se sentem inspiradas, o que não ocorre quando se veem diante de meras expectativas. O que se espera de nós é, de maneira geral, o que se pode medir. É oito ou oitenta. Ou conseguimos fazer, ou não conseguimos. Por outro lado, com a inspiração, nosso eu autêntico entra em cena, assim como nossos valores e princípios, e isso geralmente desperta em nós um apreço pela condição humana que compartilhamos com os outros. O treinamento em liderança consciente pode ajudar-nos a exumar de dentro de nós ou a descobrir de outras formas as inspirações que nos movem. Assim, podemos inspirar outros com nossa paixão.

Ser inspirador é algo importante no dia a dia de um líder, e a liderança por inspiração é particularmente importante quando as coisas estão difíceis. O que pode ajudá-lo a ser inspirador quando as coisas não vão bem (quando as pessoas se sentem inseguras e olham para você em busca de liderança)? Será que transpor os limites da sua empresa e estabelecer relações com a comunidade pode ser uma fonte de inspiração? Neste capítulo, refletiremos sobre essas questões e examinaremos alguns exemplos que ilustram a liderança inspiracional.

## Para melhorar a vida dos filhos – e também a dos pais

Para os líderes responsáveis pelos cereais Chex e as misturas para bolo Betty Crocker, a inspiração veio sob a forma de cartas comoventes e postagens de blogs pedindo à empresa, a General Mills, que lançasse cereais e misturas para bolo sem glúten. A maioria das cartas foi escrita por pais de família. Crianças com intolerância a glúten não podem comer cereais matinais que contenham certos tipos de grãos, portanto a maior parte dos cereais matinais de grandes marcas estão fora de cogitação. Da mesma forma, muitas guloseimas infantis, como biscoitos e bolos de aniversário, também estão excluídas. Tente se imaginar no lugar de uma criança de sete anos que não pode comer o bolo de aniversário como as outras crianças, ou que não pode contribuir com as festinhas da escola levando *cupcakes* ou *brownies*.

Diante de tudo isso, um grupo de funcionários começou a investigar quais eram as exigências para fabricar esses produtos e se havia mercado para uma nova linha como essa. Eram indivíduos que ficaram comovidos com as cartas e que compreendiam a necessidade de ajudar os pais a minimizar o estigma que seus filhos carregavam por serem diferentes. Queriam ver se havia alguma maneira de ajudá-los. E acabaram criando um *case* de negócio extremamente convincente ao lançarem a primeira linha de produtos sem glúten da empresa dos cereais Chex. A reação das pessoas envolvidas no lançamento da nova linha foi extremamente positiva, não por se tratar dos produtos de maior sucesso da General Mills, mas porque esses indivíduos tocaram os consumidores de uma forma muito especial.

Uma mãe escreveu à empresa contando que, na manhã em que seu filho de nove anos desceu para tomar o café da manhã e viu a caixa de cereal matinal Chex sobre a mesa, ele pensou que era para a irmã. A mãe encheu uma tigela e a colocou na sua frente, mas nem assim ele acreditou. Perguntou se era mesmo para ele. Quando disse que sim, o menino abriu um sorriso e disse: "Igual aos outros meninos". Essa carta e muitas outras semelhantes foram mostradas aos funcionários e eram tema de muitas conversas nos corredores e nas salas de reunião da General Mills. Fazer diferença na vida cotidiana das pessoas dava um significado especial ao trabalho de todos. Os funcionários que propuseram o lançamento desses produtos e dos muitos outros que se seguiriam – depois da linha Chex logo vieram as sobremesas sem glúten Betty Crocker – foram líderes inspiradores para todos aqueles que trabalharam para levar ao mercado os cereais matinais e as sobremesas sem glúten.

Todos precisam saber o que se espera deles no ambiente de trabalho e conhecer as metas a serem cumpridas para que a empresa continue existindo. Podem precisar, por exemplo, conhecer as necessidades financeiras e as metas de vendas da companhia. Mas isso não basta se uma empresa quiser funcionários plenamente comprometidos. É aqui que entra o problema da inspiração. Quem não prefere acordar disposto de manhã por se sentir inspirado? Será que há alguma dúvida de que, quando uma pessoa precisa decidir se vai sacrificar-se pela empresa, é mais provável que ela o faça se vier à mente a imagem de uma criança tomando café da manhã ou comendo seu primeiro bolo de aniversário de chocolate, em vez de um gráfico com as vendas anuais? Sentimo-nos inspirados porque nos identificamos com as lutas dos pais. Poderíamos encontrar lutas semelhantes em nossa própria família ou nas famílias de nossos colegas. Sentir que somos capazes de tornar melhor a vida de um garotinho nos faz bem. Nesse exemplo, a inspiração veio da descoberta de um propósito maior para o trabalho que a equipe estava realizando, um objetivo que ia muito além de números em um relatório de vendas divulgado aos investidores.

Claro, nem todo mundo trabalha para uma organização beneficente dedicada a ajudar crianças ou para um fabricante de produtos que melhorarão a vida delas. Então, de que outras formas os líderes podem inspirar seus funcionários? O que será que o faria sentir-se inspirado para ir trabalhar todos os dias? Em vez de já fazer uma lista das coisas que você considera potencialmente inspiradoras, tente fazer uma pausa intencional dedicada à reflexão sobre o tema da inspiração.

## REFLEXÃO SOBRE A INSPIRAÇÃO

Sente-se confortavelmente, com as plantas dos pés no chão e as mãos pousadas no colo. Feche os olhos devagar e inicie a prática buscando perceber sua respiração e demais sensações corporais. Quando seu corpo e sua mente começarem a se acalmar, faça a si mesmo as seguintes perguntas:

- Quando foi a última vez em que me senti inspirado a contribuir de algum modo? Sobre o que era o projeto que me inspirou a comprometer-me com sua criação ou seu sucesso?
- Como me sinto agora ao recordá-lo?

Lembre-se de que, quando se pratica uma reflexão, pode ser conveniente pôr de lado as primeiras respostas espontâneas que vêm à mente e repetir a pergunta, sempre se mantendo aberto e curioso diante do que quer que surja. Atente para as sensações que aflorarem quando você fizer as perguntas, sobretudo quando for refletir sobre a maneira como se sente agora ao recordar tal projeto.

Não tenha pressa. Sinta-se à vontade para voltar a praticar com a respiração caso se surpreenda avaliando ou analisando as coisas. Quando sua mente recuperar a concentração, repita as perguntas e preste atenção no que acontecer.

Talvez já tenha passado muito tempo desde a última vez em que você se sentiu inspirado por algo ou por alguém. Não se restrinja ao ambiente de trabalho quando estiver tentando recordar as ocasiões em que se sentiu inspirado. Talvez tenha sido com alguma ação em sua comunidade ou algum outro projeto voluntário. Ou talvez você tenha lido ou ouvido alguma coisa que o inspirou a tocar um projeto pessoal.

Quando estiver pronto, abra os olhos e dedique um tempo a escrever suas respostas. O ato de escrever, muitas vezes, ajuda a esclarecer e a aprofundar as palavras e frases que surgem durante uma reflexão. Então, diante da lista que tiver feito, pergunte a si mesmo: Quais são as coisas que me inspiram? Meu trabalho atual contém alguma dessas coisas? Será que a inspiração é parte do meu método de liderança?

Quando estamos inspirados, nossa condição é contagiosa. As outras pessoas podem senti-la. Quando trabalhamos só pelo salário, os outros percebem também. E se você não sente mais nenhuma inspiração, o que será que está faltando? Sua reflexão produziu descobertas que possam conduzi-lo a um novo método de trabalho capaz de acender essa inspiração em você mesmo e de gerá-la nos outros?

Essa reflexão pode levar algum tempo para se esclarecer. Retorne a ela depois de alguns dias – e outras vezes mais se for preciso – se lhe parecer útil. Não precisa tentar encontrar uma resposta de imediato. Conforme os dias forem passando, pode ser que você enxergue oportunidade de fazer alterações no "o que" e no "como" de seu trabalho e, desse modo, reacender a chama da inspiração.

## Inspiração em meio à crise

Nas semanas que se seguiram ao atentado de 11 de setembro de 2001 nos Estados Unidos, todos os olhos se voltaram para a cidade de Nova York e seu prefeito, Rudy Giuliani. Conforme explica em seu livro *Leadership*, Giuliani aprendeu com o pai a importância de estar à disposição para ajudar as pessoas nos momentos difíceis. Ele aprendeu que estar presente quando alguém está sofrendo é a verdadeira medida de um ser humano. O pai dele expressava isso de uma forma bem sucinta: "Casamento é opcional. Enterro é obrigatório".

Como prefeito, Giuliani aplicou ao seu método de liderança o que havia aprendido com o pai. Sua política pessoal era comparecer ao funeral de cada uma das pessoas que morreram em serviço na cidade de Nova York. Depois do atentado ao World Trade Center, a enorme quantidade de bombeiros e policiais falecidos tornou-a logisticamente impossível. Nos dias e nas semanas que se seguiram aos ataques, surgiu um número gigantesco de questões sérias para o prefeito resolver, incluindo ameaças à segurança, problemas ambientais, além da ansiedade de toda uma cidade. Certamente teria sido compreensível se ele tivesse abandonado essa sua política em circunstâncias tão atípicas, e muitos membros da sua equipe o aconselharam a fazer isso.

No entanto, o prefeito reuniu sua equipe e informou que ele próprio ou alguém de seu gabinete compareceria ao funeral de cada funcionário da prefeitura que houvesse morrido no cumprimento de seu dever. Além disso, instruiu-os a fazer mais do que apenas comparecer. Deveriam falar com os familiares do falecido e "marcar presença, conversando com os parentes da vítima e confortando-os". Era crucial que se reconhecesse e honrasse o serviço prestado por aqueles indivíduos.

A escolha feita por Giuliani foi inspiradora. Consegue imaginar o impacto que ela exerceu sobre sua equipe? Será que todos nós não gostaríamos de trabalhar com uma pessoa que valoriza e respeita tanto nossa contribuição a ponto de colocar seus funcionários acima de tudo? Pode haver algo mais inspirador que isso? Durante todo o tempo em que liderou a cidade como prefeito, Giuliani priorizou a necessidade de aparecer nas horas difíceis e oferecer consolo. Mesmo quando as coisas ficaram muito mais difíceis do que se poderia imaginar, suas prioridades não mudaram. As pessoas eram o mais importante. Vinham antes de tudo. Em seu papel de líder, será que você consegue enxergar boas formas de inspirar as pessoas à sua volta por meio de gestos simples e mensagens honestas que reflitam o valor delas e o respeito que você tem por cada uma? Um líder capaz de entender que a vida pode ser desafiadora, mas que sempre se comprometa a estar presente nos momentos difíceis, inspira as pessoas a darem o melhor de si no cumprimento do dever.

## O serviço à comunidade como inspiração: o caso da Home Depot

Uma das formas mais eficazes de uma companhia inspirar seus funcionários é adotar um programa de serviço comunitário. Quando a empresa faz a diferença na comunidade, seus funcionários, não raro, sentem orgulho de poder retribuir e fazer a diferença também. Além disso, sentem-se ligados uns aos outros pelo objetivo comum de fazer do mundo um lugar melhor.

Um bom exemplo do forte papel que uma empresa pode desempenhar na comunidade é o projeto filantrópico da Home Depot para auxiliar veteranos de guerra. Sua missão sintetiza o compromisso que a companhia e seus funcionários assumiram perante a comunidade:

> A Fundação Home Depot assume o compromisso de garantir que cada veterano tenha um lugar seguro para chamar de lar – não somente por meio de doações em dinheiro, mas também mediante a dedicação e o auxílio direto dos funcionários de nossas lojas.

A empresa destinou 50 milhões de dólares, ao longo de três anos, a projetos habitacionais comunitários. Embora isso, por si só, já fosse suficiente para inspirar muitos funcionários, o programa continha outro elemento importante, com ainda mais potencial de inspiração. Os líderes da empresa envolveram os funcionários diretamente, convidando-os, todo ano, a prestar serviços voluntários como parte do programa Celebração do Voluntariado. Funcionários de todas as partes do país se inscreveram. Como resultado, em 2011, primeiro ano de realização do programa, os trabalhadores da Home Depot que se ofereceram como voluntários construíram mais de quatrocentas casas para veteranos de guerra. E o programa continua, em parceria com instituições beneficentes locais dedicadas a apoiar os homens e as mulheres que serviram o país e que hoje precisam de uma pequena ajuda. Quem não se sentiria orgulhoso por trabalhar com colegas que, além de contribuir para que sua empresa se mantenha lucrativa, também ajudam a comunidade de uma forma tão importante? A união faz a força!

Caso você esteja pensando que tamanho é documento, aviso que não, não é. Seja com 50 milhões de dólares ou com 500 dólares, o envolvimento direto dos funcionários tende a gerar muito mais inspiração do que o cheque assinado pela empresa. Às vezes, o dinheiro pode fazer as coisas acontecerem com mais facilidade. Mas o que realmente toca o coração da maioria das pessoas, o que as faz se sentirem bem com o trabalho que estão realizando e com a comunidade da qual fazem parte é o sentimento de vínculo. E a sensação de fazer parte do esforço por tornar o mundo um lugar um pouquinho melhor.

## Inspiração artificial

É muito importante lembrar que a inspiração de que aqui se fala precisa ser genuína. Se uma empresa diz que fomenta o voluntariado de seus funcionários, mas não demonstra apoiar nem reconhecer os esforços deles, os sentimentos negativos gerados por essa abordagem não sincera podem surtir o efeito contrário, isto é, podem gerar no ambiente de trabalho um clima pior do que se a empresa tivesse escolhido não fazer nada. Poucas coisas são mais desmotivadoras do que a inspiração artificial. Portanto, se você decidir realizar um projeto comunitário a título de experimento, certifique-se de que haverá apoio financeiro, tempo reservado para a execução do projeto e uma estratégia de comunicação apropriada para manter informados todos os participantes. Provavelmente, você vai descobrir que do pouco se faz muito quando se trata de ajudar a comunidade e de fazer seus funcionários se envolverem.

A inspiração artificial também pode ocorrer quando os líderes proferem discursos vazios sobre a situação financeira da empresa e os planos para o futuro. Diane, vice-presidente financeira de uma grande fabricante de aparelhos médicos, vivenciou em primeira mão os efeitos desse tipo de inspiração.

> Aquele foi um ano caótico, que começou com a aquisição de um grande concorrente por nossa empresa. No processo de integração das duas companhias, eram tantas as distrações que as vendas caíram e estávamos sendo menos inovadores. Sabíamos que as metas trimestrais não seriam cumpridas. O preço de nossas ações no mercado vinha caindo um pouco e as pessoas começavam a questionar o rumo que havíamos tomado.
>
> O presidente, então, convocou uma reunião com todos os executivos e diretores para conversar sobre a situação. Estávamos ansiosos para ouvir o que ela tinha a dizer, por isso todos ficaram em silêncio rapidamente ao chegar à sala. Dava para sentir uma espécie de energia no ar enquanto esperávamos para ouvir sua avaliação e seu plano para nos conduzir adiante.
>
> Ele estava muito alegre e sorria de orelha a orelha enquanto falava do "pequeno solavanco" que estávamos experimentando e de como possuíamos, indubitavelmente, o plano certo para cumprir as metas do próximo trimestre. Tudo o que precisávamos fazer, de acordo com seu discurso, era tratar de "executar a estratégia" sem falhas.
>
> E aquilo foi tudo. Nada de detalhes. Nada de ideias. Nada de questionamentos.

> Houve um esmorecimento geral na sala, uma coisa quase palpável. Era como se o ar do recinto tivesse sido drenado. Quase dava para ver as pessoas murchando nas cadeiras. Pintar um retrato cor-de-rosa em que nem ao menos se reconheciam os desafios mais específicos foi uma atitude que não nos inspirou nem um pouco. Pelo contrário: sentimo-nos excluídos e desrespeitados. Éramos executivos experientes e sabíamos que a companhia estava passando por mais que um "pequeno solavanco". Esse tipo de discurso motivacional faz mais mal do que bem. Saímos da sala ainda mais preocupados com o futuro da empresa do que já estávamos. Alguns voltaram para as suas salas e desenterraram seus currículos.

Talvez o presidente da empresa de Diane pensasse que seu papel era de uma líder de torcida. Na verdade, agir como uma líder de torcida no ambiente de trabalho é aquilo a que se costuma chamar "inimigo próximo" em matéria de inspiração. Um inimigo próximo é algo que se parece muito com aquilo por que estamos lutando, mas que é praticamente o oposto. Por exemplo, o inimigo próximo da empatia genuína é a pena. Sentir pena de alguém não é nada revigorante. Portanto, o discurso de líder de torcida e o discurso de amenização são, de fato, inimigos próximos da inspiração verdadeira.

Animadores de torcida corporativos são como robôs. Apenas persistem no discurso otimista, independentemente do placar do jogo. Repetem frases prontas e tentam levantar o ânimo dos funcionários com palavras tranquilizadoras. Mas a verdade é que sua atitude não surte nenhum efeito positivo e, como vimos na história de Diane, muitas vezes seu efeito é negativo. Para sermos inspiradores, precisamos começar sendo honestos e francos.

## As limitações das expectativas

Outra forma comum de não liderar com excelência é gerir as pessoas com base em expectativas em vez de inspiração. Quando lideramos com excelência, nossa responsabilidade primordial é inspirar aqueles que nos cercam, conscientes de que, quando um funcionário competente está genuinamente motivado e compreende as metas mais importantes, a microgestão (*micromanaging*) torna-se desnecessária. Na verdade, o que a microgestão costuma fazer é impedir os indivíduos e as equipes de realizarem todo o seu potencial, além de inibir a inovação. Uma gestão excessivamente normativa tende a inibir o desenvolvimento de ideias independentes e a experimentação de que uma empresa pode necessitar para superar as expectativas predeterminadas e transcender a concorrência.

Natalie era uma diretora bem-conceituada de uma grande empresa de eletrônicos. Atravessara toda a sua carreira em ritmo de contínua ascensão e solucionara com sucesso alguns dos desafios mais difíceis da companhia. Liderava uma equipe de ótimos profissionais e gostava de seu papel de solucionadora de problemas. Certa manhã, ela reuniu a equipe para apresentar um problema de qualidade que tinha acabado de surgir em um fornecedor estrangeiro. Durante a reunião, percebeu que sua mente já recordava os passos usados cinco anos antes, quando uma situação semelhante havia surgido. Dessa vez, porém, Natalie escolheu uma abordagem diferente. Há algum tempo, ela vinha pensando se o método de compartilhar suas experiências passadas para resolver os problemas do presente não poderia estar limitando, por vezes, o crescimento da equipe e, talvez, até o da empresa.

Então, em vez de fornecer à equipe a expectativa de que o problema de qualidade fosse tratado da maneira que ela determinasse, Natalie entregou-o ao grupo e pôs-se a escutar as suas ideias. Em pouco tempo, eles já haviam identificado uma solução muito diferente daquela que ela imaginara com base em sua experiência passada. Abrindo um grande sorriso, Natalie me contou: "Eles descobriram um meio mais rápido e eficiente de lidar com o problema imediato e, ainda por cima, desenvolveram uma nova estratégia de prevenção para impedir que o mesmo problema de qualidade voltasse a acontecer no futuro". Se tivesse seguido os mesmos passos de cinco anos antes, provavelmente Natalie teria solucionado o problema mais uma vez. Limitando-se, porém, a identificar a questão e mantendo-se calada de propósito, terminou conseguindo um resultado melhor e uma equipe mais forte.

É claro que há ocasiões em que precisamos definir expectativas com base em nossas experiências e em nossos conhecimentos. Não podemos nos dar o luxo de reinventar a roda a cada projeto ou decisão. No entanto, quando lideramos com base em expectativas ou determinando previamente por que, como, quando e onde as coisas serão feitas, podemos limitar muito as iniciativas inovadoras e terminar gerando um ambiente corporativo repleto de funcionários sem engajamento.

### *Para encontrar o que esperamos*

As expectativas também podem funcionar como vendas que nos cegam, tornando-nos incapazes de enxergar com clareza. Quando esperamos um resultado específico, muitas vezes só procuramos por informações que o confirmem e deixamos de ver o que está de fato na nossa frente. Durante um treinamento que conduzi, Lewis, especialista em pesquisas de tendência com consumidores, forneceu um exemplo contundente desse princípio.

Estávamos trabalhando com comunicação consciente, exercitando a capacidade de perceber quando a mente se distrai e não ouvimos o que um colega está dizendo. Lewis se sensibilizara sobretudo com a experiência de ouvir com receptividade, sem expectativas, o que o outro diz. "Nosso trabalho seria tão mais acurado", disse-me ele, "se aplicássemos essa prática à observação de dinâmicas de grupo ou às entrevistas com consumidores. Em vez disso, ficamos sentados atrás de um espelho falso esperando que os consumidores digam o que queremos que digam. Dez pessoas podem já ter dito o contrário, mas o cliente ou o diretor executivo espera ver sua opinião confirmada, então esperamos até que alguém diga o que ele quer ouvir."

Talvez Lewis tenha exagerado um pouco para enfatizar o que estava querendo dizer, mas pense no quanto é comum entrarmos em uma sala de reuniões ou numa conversa trazendo expectativas. De minha parte, já constatei várias vezes que, quando entro numa conversa ou reunião alimentando expectativas quanto ao resultado, limito bastante minhas possibilidades de descoberta e aprendizado. É fácil cercear ideias ousadas e conquistas excepcionais simplesmente ticando itens em uma lista de expectativas. A comunicação verdadeira fica muito restrita quando só ouvimos as palavras que queremos ouvir.

Inspiração requer presença de liderança. Requer que vejamos o que está aqui agora e não o que esperamos ver. Isso significa que temos de reconhecer os erros e aprender com eles. Requer que estejamos dispostos a nos desvencilhar prontamente dos meios que empregamos na vez passada ou dos meios que "sabemos" que funcionarão. Temos de ser corajosos o bastante para nos conservarmos abertos às opções que podem surgir da colaboração com os outros. Precisamos enxergar quando, ao tentar sermos eficientes determinando expectativas claras a respeito do que tem e do que não tem de ser feito, podemos acabar inibindo o crescimento dos outros e limitando seu potencial para vislumbrar novos e melhores caminhos.

É preciso buscar e encontrar um meio-termo. Precisamos definir uma direção e procurar compartilhar informações suficientes para que as pessoas se engajem efetivamente em seu trabalho. Além disso, temos de inspirar aqueles com quem trabalhamos e permitir que eles caminhem o mais longe que puderem com suas próprias pernas, coletivamente. Quando estamos no piloto automático, transitando apressadamente entre reuniões, tendemos muito mais a gerir através de *checklists* e, sem querer, tratar aqueles que lideramos como meros receptores de ordens. Quando isso acontece, estamos liderando por automatismo, não com excelência.

Para tentar encontrar esse meio-termo de uma vez por todas, você pode se valer do seguinte exercício, a ser praticado no início de cada dia.

### Pausa intencional: desvencilhar-se das expectativas

Esta pausa intencional se baseia no exercício com a agenda, do Capítulo 10. A proposta é prestar atenção aos pensamentos e às emoções que podem aflorar quando você dedicar alguns momentos à contemplação atenta do conteúdo de algumas reuniões marcadas em sua agenda.

No início do próximo dia de trabalho, abra sua agenda e leia sem pressa os compromissos do dia. Sinta seus pés apoiados no chão e as sensações corporais da respiração enquanto faz a si mesmo esta pergunta:

O que será que eu descobriria se fosse às reuniões sem nenhuma expectativa quanto ao método de resolução das questões ou de cumprimento das metas do projeto e, em vez disso, entrasse na sala com a intenção de escutar atentamente e de me manter aberto para tudo o que ouvisse?

Faça-se essa pergunta para cada uma das reuniões marcadas em sua agenda. Preste atenção às sensações corporais, aos pensamentos e às emoções que surgirem junto com as reações. Talvez você perceba um desconforto diante da ideia de não tomar mais a dianteira no debate, como sempre fez. De onde vem esse desconforto – de experiências passadas ou da sua imaginação? Ou talvez você note surgirem pensamentos que o advertem de que um desastre será iminente se você não disser logo à equipe o que fazer em seguida. Será que esses pensamentos refletem a realidade?

Quando estiver caminhando em direção a uma reunião ou preparando-se para um compromisso em sua própria sala, dedique alguns instantes a recordar sua intenção de aplicar o que aprendeu com a pausa intencional. Por exemplo, você pode se valer das sensações da respiração, ou dos pés tocando o chão, para lembrar-se de escutar atentamente, manter-se aberto e desvencilhar-se das expectativas. Quando estiver na reunião, tente perceber quando o ímpeto de entrar na conversa para determinar diretrizes tomar conta de você e pergunte a si mesmo se essa é a melhor opção no momento. O que será que vai acontecer se você permanecer calado por mais um tempo?

Se sua escolha foi ficar calado, o que o seu corpo está lhe dizendo? Por acaso você notou o surgimento de alguma emoção? Que pensamentos assomaram? O que é que eles dizem sobre a forma como você está encarando essa reunião?

Muitos líderes relatam que, quando adotam essa abordagem nas reuniões, de início seu comportamento surpreende a equipe e os colegas. Em vez de passarem rapidamente para a etapa de planejamento e execução, assumindo o controle e atribuindo tarefas, eles se tornam receptivos e interessados em novas possibilidades. O que será que acontecerá na sua equipe se, da próxima vez em que você der início a um projeto, *desvencilhar-se de quaisquer expectativas quanto a ele* e, por exemplo, transformar a primeira reunião em um convite à criatividade? Em vez de anunciar uma reunião normal, em que provavelmente identificaria os parâmetros do projeto e dividiria as responsabilidades, suponha que você emita um convite a que todos busquem juntos a melhor maneira de avançar, sugerindo que cada participante reflita por um tempo antes do encontro e depois compareça apresentando sua melhor sugestão.

Não será provável que suas reuniões deixem de ser meras sessões de transmissão mecânica de informações e prazos e se transformem em momentos de compartilhamento de ideias e responsabilidades? Em muito pouco tempo, pode ser que o novo ambiente se transforme num terreno fértil para novas abordagens e soluções criativas.

E se – para dar outro exemplo – você se desvencilhar das expectativas que possa ter acerca de um relacionamento que sempre foi complicado? Será que, ao abrir um pouco de espaço em torno daquilo que "com certeza" vai acontecer, você não conseguiria transformar essa relação, ainda que só um pouquinho?

Em seu livro de memórias intitulado *Madam Secretary*, a ex-secretária de Estado Madeleine Albright nos fornece um excelente exemplo do quanto podemos ganhar nos desvencilhando de nossas expectativas. Quando se tornou a primeira mulher a chefiar o Departamento de Estado norte-americano, Albright se comprometeu a construir uma política externa bipartidária, o que era particularmente importante na época, pois o governo era democrata, mas os republicanos tinham maioria no Congresso. Ela precisaria do apoio dos republicanos para muitas das prioridades que desejava concretizar, incluindo a participação na Convenção sobre a Proibição de Armas Químicas (Cpaq). A oposição entre falcões e pombos*, no Congresso, sempre foi profunda e, para muitos, ela não conseguiria avançar muito nesse terreno.

Ignorando, porém, o que a história a levava a esperar, ela começou a abordar os republicanos mais influentes, viajando com eles a seus estados natais e aparecendo em público na sua companhia. Entre essas viagens, estava aquela com o senador Jesse Helms, da Carolina do Norte, que ela temia poder obstruir a votação sobre a Cpaq. Já na Carolina do Norte, Albright presenteou Helms com uma camiseta na qual se lia "Alguém no Departamento de Estado Ama Você". Os dois estabeleceram um vínculo durante o tempo em que estiveram juntos na Carolina do Norte e, no voo de retorno, Helms disse a Albright que não obstruiria a votação.

Será que eles se tornaram grandes amigos? Provavelmente não. Mas, ao se desvencilharem da expectativa de que jamais veriam as coisas da mesma maneira, ou de que estavam tão envolvidos na política de seus partidos que não havia espaço para pensarem de forma independente, os dois abriram caminho para um desfecho surpreendente.

---

* Nos Estados Unidos, os falcões (*hawks*) são aqueles que defendem uma política externa agressiva baseada em forte poder militar. Enquanto os pombos (*doves*) tentam resolver os conflitos internacionais sem o uso da força. (N. do E.)

# CAPÍTULO 12

# Não basta olhar para os fatos: o papel das emoções na liderança

*Aprendi que as pessoas esquecem o que dissemos, esquecem o que fizemos, mas nunca esquecem o que as fizemos sentir.*

Maya Angelou

A maioria das pessoas se sente confortável acreditando no mito de que podemos desligar nossas emoções. No ambiente de trabalho, bem como em outras esferas da vida, em geral fomos condicionados a "controlar" nossas emoções, negando assim o papel essencial que elas desempenham. Aprendemos a negar ou rejeitar os mais mínimos traços das emoções que tachamos de negativas: medo, raiva, tristeza, insegurança. Quando as coisas não acontecem como planejamos, ou quando alguém nos magoa, o que nos ensinaram a fazer foi simplesmente engolir esses sentimentos, pintar um sorriso no rosto e seguir em frente. Ou então aprendemos a nos distrair dessas emoções bebendo, comendo, consumindo, exercitando-nos ou trabalhando além da conta. Aprendemos a vestir a máscara dos negócios ou do mundo profissional. Nesse processo, terminamos isolando num compartimento fechado boa parte do que somos e, assim, ficamos com um retrato incompleto de como lidamos com o mundo a cada dia. Com isso, também ignoramos uma importante fonte de informações sobre nós mesmos, crucial para a compreensão e o pleno desenvolvimento de nosso potencial de liderança.

Como jovem advogada de um grande escritório de advocacia de Wall Street, eu obviamente escutei em alto e bom som a mensagem que me mandava "não ter emoções". Manter as emoções sob controle e não deixar que ninguém me visse como um ser emotivo era uma expectativa inquestionável, sobretudo para mulheres. Se eu não aprendesse a reprimir minhas emoções, não seria vista como uma consultora de confiança. O aconselhamento profissional tinha de fundar-se exclusivamente nos fatos e na experiência. As emoções não tinham lugar em minhas deliberações e provavelmente me impediriam de tomar as decisões mais acertadas. Foi o que me ensinaram...

Claro, à medida que fui adquirindo mais experiência como advogada e tinha de atender clientes envolvidos em problemas cada vez mais complexos, aprendi que, combinando meus conhecimentos jurídicos com engajamento emocional, eu conseguia prestar o melhor aconselhamento possível. Mas levei muitos anos e tive de advogar muito para desaprender aquelas lições do início da carreira, sobre manter minhas emoções longe do trabalho. É preciso reconhecer que há um elemento de verdade nessa mensagem. Em geral, não é aconselhável tomarmos decisões quando estamos dominados por emoções mais fortes. Mas tentar reprimi-las durante um exercício é uma besteira.

As práticas de liderança consciente podem treiná-lo para perceber suas emoções e notar quando seu instinto de reação é estimulado por uma emoção. Por esse processo, você treina sua mente para perceber e, *ao mesmo tempo*, abre espaço para poder tomar decisões de maneira consciente. Você aprende que pode abandonar as tentativas vãs de suprimir suas emoções. Desse modo, pode expandir seu repertório de reações às emoções, mesmo àquelas rotuladas como altamente negativas.

Mas como?

Usando a meditação com os pensamentos e as emoções descritos no Capítulo 9, você pode ir mais longe e mergulhar mais fundo na vivência e na observação dos conteúdos emocionais. Quando identificar um sentimento como a *raiva*, por exemplo, você pode perceber que ele não é *você*. Nem tampouco você precisa ir aonde a raiva quer que você vá.

Você pode experimentar as sensações corporais associadas à raiva e perceber os pensamentos que afloram, mas não precisa *fazer* nada com a raiva. Pode simplesmente se voltar para ela, testemunhar sua presença e a sentir no corpo. Uma das coisas que você percebe, então, é que abandonar todo e qualquer esforço de negação e repressão é um grande alívio!

Você não precisa ter medo de reconhecer o que está aí. Se encarar a raiva com curiosidade, pode descobrir mais sobre o papel que ela desempenhou na sua vida até agora; e, com esse conhecimento em mãos, pode também vislumbrar caminhos de mudança, ou tornar-se mais paciente ou amável. O próximo passo, então, será aplicar essa prática a escolhas reais que tiver de fazer na vida.

Robin, uma médica muito esforçada, tinha acabado de ser diagnosticada como estéril. Seu convívio com os familiares era muito próximo. Umas das irmãs tinha três filhas e a outra estava grávida. Durante um retiro de liderança consciente, suas emoções começaram a vir à tona.

> Acabei percebendo que estava sentindo raiva, ciúmes, tristeza e desespero. Queria me livrar de tudo isso. Chorava muito. Comecei a enxergar que tinha trabalhado duro por muito tempo, enchendo minha vida de pacientes, participando de comissões e lecionando. Mesmo assim, ainda não era o suficiente. Quanto mais sentia aquelas emoções, mais coisas acrescentava à minha lista. Quanto mais estressada ficava, mais me exercitava, dizendo a mim mesma que só estava cuidando da minha forma. Só quando comecei a baixar a guarda e me abrir para as minhas emoções verdadeiras é que me tranquilizei e pude aprender com elas. Com isso, o domínio que elas exerciam sobre minha vida começou a diminuir. Tudo bem se eu ficasse com raiva e tristeza quando essas emoções surgissem. Isso não me impedia de me alegrar com a gravidez da minha irmã. Não eram coisas mutuamente excludentes. O fato de eu dar a mim mesma permissão para sentir minhas emoções me deixava menos predisposta a buscar distrações pouco saudáveis. Graças à meditação, descobri que, em última

> análise, estava criando meu próprio sofrimento ao manter-me sempre nesse estado de aspiração permanente na tentativa de me distrair de minha própria dor. A meditação me permitiu enxergar outra opção.

Robin estava exaurindo a si mesma com suas distrações e descobriu que elas eram ineficazes. Somente quando deu a si mesma a chance de perceber as próprias emoções é que pôde enxergar com clareza o que estava acontecendo em sua vida. Foi capaz de ver que estava negando a si mesma a alegria de ter uma sobrinha, e começou a desenvolver mais autocompaixão, o que surtiu um forte efeito curativo. Desde essa perspectiva mais serena, Robin já podia, então, tomar algumas decisões sobre como desejava viver sua vida.

Mas não são apenas as emoções negativas que requerem nossa atenção. Também somos ensinados a ignorar as emoções positivas, motivo pelo qual praticamente não paramos para perceber aqueles momentos que nos trazem alegria ou nos dão satisfação. Estamos sempre tão ocupados prosseguindo em direção à próxima meta que deixamos de vivenciar a alegria ou a satisfação de cada conquista.

O impacto de não percebermos a satisfação ou a alegria nos transcende. Afeta nossos colegas. Quando não paramos para reconhecer os frutos do trabalho duro dos outros, por exemplo, alimentamos uma cultura na qual o simples fato de parar por um ou dois segundos para dizer "conseguimos" já é considerado suficiente a título de reconhecimento genuíno. Ora, por que deveríamos negar a nós mesmos a experiência partilhada de nos sentirmos bem por termos feito um bom trabalho?

Da mesma forma, estamos tão acostumados a permanecer em constante estado de atenção parcial que aqueles momentos que poderíamos vivenciar como agradáveis ou como fonte de alegria mal se fixam mentalmente: o sorriso de uma filha, o sabor cálido e rico do café, as estrelas brilhando no céu.

As emoções nos tornam mais humanos. Fazem de nós algo mais que dispositivos tecnológicos. Graças a elas é que nos sentimos conectados conosco mesmos, com as pessoas à nossa volta e com o mundo em geral. Elas guiam nossas escolhas e, muitas vezes, são a fonte de nossa sabedoria quando não há mais dados que possamos coletar, ninguém mais com quem possamos conversar e nenhuma resposta clara que possamos dar a um problema.

Quando a mensagem que mais recebemos sobre nossas emoções é a de que devemos aprender a reprimi-las ou que não devemos parar para desfrutar plenamente os momentos sublimes da vida, estamos deixando de cultivar esse aspecto tão rico de nossa condição humana.

A prática meditativa com as emoções, que começamos a explorar no Capítulo 9, pode ajudá-lo a vivenciar suas emoções de forma simples, como parte de sua experiência do momento presente, de modo que você não sinta necessidade de repeli-las ou mudá-las. Como talvez já tenha notado, você tem um forte aliado nessa jornada pela identificação e compreensão de suas emoções e de como elas influenciam a maneira como você lidera.

O corpo.

Sentimos as emoções no corpo muito antes de compreendê-las cognitivamente.

Ao detectarmos sensações corporais como calor na face, mandíbulas cerradas, embrulho no estômago ou tensão no pescoço, podemos usar essa informação para nos ajudar a reconhecer as emoções que estamos experimentando em dado momento. Esse é o primeiro passo, e o mais importante, para desenvolver de uma relação de abertura, aceitação e curiosidade com nossas emoções. Com isso, começamos a reconhecê-las como parte de quem somos. Conforme nos familiarizamos com as sensações que acompanham uma emoção forte, podemos aprender a usá-las como uma espécie de sistema de advertência precoce. Essa prática pode ser muito gratificante, mas também bastante desafiadora no início, como o descreve Mark, um engenheiro veterano.

> Eu tinha perdido o contato comigo mesmo e lutava para perceber quaisquer sensações associadas às minhas emoções. Era desanimador, pois eu me pegava reagindo de forma pouco saudável às emoções que tinha. Cerca de quatro semanas atrás, eu estava numa reunião que ia de mal a pior. Conforme o tempo passava, comecei a sentir uma tensão no pescoço. Foi então que, finalmente, percebi! Estava com raiva e sei que quando estou assim posso me tornar sarcástico, o que nunca ajuda em nada. Concentrei toda a atenção sobre a respiração em meu peito até que o sentimento se dissipou e eu me senti mais relaxado. Assim, consegui lidar com a situação com mais facilidade e, creio, mais eficácia.

Quando desenvolvemos uma prática meditativa que nos torna mais capazes de perceber os conteúdos emocionais, também nos familiarizamos mais com a forma como as emoções influenciam nossas ações. Ao reprimir menos suas emoções e parar um pouco para vê-las com mais clareza, você começa a detectar a influência que elas exercem sobre o seu comportamento. Talvez você perceba que fica muito irritado logo depois de sentir aquele embrulho no estômago. Talvez se dê conta de que o embrulho começa a aparecer quando você está indeciso a respeito de uma situação, e esse sentimento de insegurança leva-o a ficar irritadiço. Da próxima vez em que perceber o embrulho, será que você consegue sentir seu nível de irritação subindo e, então, procurar fazer uma escolha mais sábia antes de estourar?

Pouco a pouco, todos conseguimos aprender mais sobre quem somos e como nos comportamos. Conforme nos abrimos para o que está aí e paramos de gastar energia tentando repelir ou negar o que estamos pensando, começamos a encontrar um pouco mais de espaço para escolher intencionalmente o próximo passo. Assim, passamos a reagir às realidades da vida com maior coerência.

## O papel das emoções em nossa capacidade de nos conectarmos com os outros

Talvez você esteja pensando que a influência de suas emoções sobre suas ações é insignificante. Ou talvez pense que elas só influenciam suas ações quando você está muito, muito chateado e, portanto, quando está indisposto para estabelecer relações com os outros e tudo o que deseja é ficar sozinho num lugar tranquilo até se acalmar.

Seja qual for o caso, repense.

Considere um dia típico. Com a agenda sobrecarregada e correndo para cumprir a lista das obrigações do dia, você transita de compromisso em compromisso até que, em algum momento no meio da tarde, vê-se em uma reunião que não está indo muito bem. Então, volta para a sua sala chateado e acompanhado por uma enxurrada de pensamentos de culpa e raiva. Antes que consiga sentar em sua cadeira, o celular toca, você atende e começa a falar grosso com sua esposa ou seu marido, que só está ligando para saber quais são os planos para a noite. Ao desligar, você se sente confuso, ou talvez até mal, por um momento, com o que acaba de acontecer. Com a mesma rapidez com que pensou tudo isso, então reprime todos esses sentimentos e passa para o próximo item da lista de afazeres.

O que aconteceu durante aquele telefonema? Os sentimentos que você trouxe daquela reunião em que as coisas não deram muito certo foram intensificados e alimentados pela mente pensante quando esta julgou os acontecimentos, reprisou-os e imaginou como poderiam ter sido diferentes. As emoções que afloraram devido ao desapontamento com a reunião foram ainda mais exacerbadas e alimentadas por todo um fluxo de pensamentos. Quando somos pegos por esse redemoinho, perdemos grande parte de nossa capacidade de estabelecer conexões com os outros e de reagir de forma respeitosa às situações.

Em alguma medida, pode ser que você saiba que seu comportamento ao celular foi errado. Para a maioria das pessoas, porém, o mais comum é seguir em frente deixando as mágoas para trás e, certamente, não melhorando em nada a conexão com o cônjuge. Mais tarde, seja porque alguém nos chame a atenção para o fato, seja porque tenhamos tempo para parar e pensar sobre o acontecido, acabamos vendo as consequências da nossa reação, mas provavelmente não teremos descoberto como diminuir a probabilidade de ela voltar a ocorrer.

Ao praticar exercícios com suas emoções, você começa a perceber quando elas afloram, e começa a ver também de que maneira a mente que julga e a mente que pensa prolongam o impacto emocional que o impede de fazer escolhas claras sobre sua próxima interação ou seu próximo comportamento. Por fim, você também começa a compreender os condicionamentos, as pessoas e os acontecimentos que desencadeiam algumas emoções e que, consequentemente, nos levam a buscar distração, irrefletidamente, na comida, no trabalho obsessivo, nos e-mails, nas redes sociais, no exercício físico, na bebida... você é quem decide.

Aplicando a prática meditativa às nossas emoções, aprendemos a percebê-las sem ter de criar um longa-metragem inteiro sobre elas. Ganhamos mais espaço ao redor delas, o que nos permite escolher de que maneira reagiremos aos sentimentos provenientes do nosso coração.

## O papel das emoções em sua capacidade de conectar-se consigo mesmo

Na medida em que presta mais atenção às emoções por meio das sensações que afloram no seu corpo, você provavelmente começará a entender melhor a forma como encara os acontecimentos da vida. Pode começar a ver, por exemplo, o impacto negativo que um estado de raiva ou arrependimento constante exerce sobre seu bem-estar e sua habilidade de tomar decisões claras. Talvez você se dê conta de que carregar o peso dessas emoções se traduz em um sentimento constante de cansaço. Em vez de repelir os sentimentos ou distrair-se, você pode passar a encará-los com compaixão. Deixando de lado os julgamentos, passa a olhar para a fonte dessas emoções com uma curiosidade afável e com o objetivo de se conhecer um pouco melhor. Desse modo, pode expandir suas reações a essas emoções quando elas surgirem. Outra coisa que você começará a perceber são os prazeres simples da vida, talvez ignorados até então. Ao andar até o carro depois do trabalho, você nota o calor e a luminosidade de um dia de verão e, por alguns instantes, sente no coração a alegria decorrente disso.

Nossas emoções trazem plenitude e beleza para nossa vida. Elas nos ajudam a compreender o significado de estarmos vivos no momento presente – momento, esse, que pode incluir emoções como tristeza, alegria, dor, medo, contentamento, paz, felicidade ou ansiedade. Além disso, quando as abordamos com curiosidade e receptividade, as emoções também podem ser fonte de grande sabedoria – o tipo de sabedoria que nos ajuda a mantermo-nos conectados com nosso próprio sofrimento, ou a reconhecer verdadeiramente, mesmo que por breves instantes, as pessoas e os acontecimentos que geraram o sentimento de alegria em determinado momento. Abrindo-nos para essa linguagem do coração, também abrimos nosso coração para os outros. Quanto mais familiarizados estamos com nossas próprias emoções, mais capazes somos de entender o comportamento alheio. Quando não entendemos nossas emoções, perdemos o acesso ao mais profundo de nós mesmos: o fundo do coração. E quem será que acredita, de fato, que podemos viver sem o coração?

Lennart, um analista de sistemas que começara recentemente a praticar meditação, escreveu-me um dia de manhã bem cedo para descrever seu trajeto de casa ao trabalho. Era um dia frio de fevereiro e ele estava na rodovia interestadual, em Wisconsin, a caminho do trabalho. Desligou o rádio para desfrutar o silêncio da manhã e, depois de fazer uma curva mais fechada, viu-se dirigindo na direção do sol nascente. "Fiquei tão fascinado pela maneira como os raios de luz irrompiam das nuvens e se fragmentavam em milhões de reflexos minúsculos", disse ele. "De repente, eu estava quase literalmente respirando a beleza, sentindo um calor se espalhar pelo peito. Senti tanta gratidão por estar ali para presenciar aquele momento, por estar plenamente ali, não parcialmente distraído. Foi um momento de paz que me deixou com lágrimas nos olhos."

Lennart não precisou ir a lugar nenhum nem fazer nada para encontrar aquele momento especial. Só precisou conectar-se plenamente com seu próprio coração.

## O papel das emoções na hora de fomentar mudanças ou administrá-las

Na medida em que, na qualidade de líderes, valorizamos nosso coração tanto quanto nossa mente, empregamos mais e melhor nossas habilidades em cada situação. Isso nos ajuda a expandir o repertório de reações e de providências que podemos tomar. Quando escutamos usando a mente para analisar *e* o coração para nos aconselhar, enxergamos mais e sentimos mais inspiração, mais compaixão. Assim, nos preparamos melhor para buscar meios de fazer a diferença quando assumirmos desafios mais sérios no ambiente de trabalho e na vida pessoal. Talvez meu exemplo favorito de como podemos fazer a diferença em nosso mundo seja uma história que começou com uma corrida de táxi. Sheri Schellhaass, vice-presidente de pesquisa e desenvolvimento na General Mills, voltava de uma viagem de negócios. Cansada e ansiosa por chegar em casa, ela tomou um táxi no aeroporto e deu seu endereço ao motorista. Estava prestes a fechar os olhos e descansar por um tempo quando o taxista começou a falar sobre o frio do inverno.

O sujeito explicou que nasceu na África e que, portanto, a neve e o gelo do inverno de Minnesota eram novidade para ele; e disse que estava tendo dificuldades para se adaptar ao clima. Sheri logo deixou de lado a esperança de tirar uma soneca, pois ficou muito curiosa por saber como aquele jovem tinha vindo parar no Centro-

-Oeste dos Estados Unidos. Com o desenrolar da conversa, Sheri soube que ele tinha vindo de um dos países mais pobres da África: Malawi. Não havia futuro para ele lá. Comida e água, assim como emprego e educação, eram recursos escassos; por isso o jovem trabalhou por anos com o único propósito de fugir para os Estados Unidos.

As histórias que o taxista contou sobre crianças que eram subnutridas ou que morriam por falta de comida eram muito realistas. Na escola, não havia merenda e em casa, não raro, as crianças só comiam uma ou duas vezes por semana. Sheri ficou profundamente tocada com o que ouviu e tudo aquilo permaneceu em sua memória por muito tempo depois daquela corrida.

Ela era engenheira de alimentos e desempenhava um papel de liderança na empresa. De vez em quando, ela e sua equipe trabalhavam como voluntários embalando refeições à base de cereais para uma organização beneficente chamada Feed My Starving Children (FMSC) [Alimente Minhas Crianças Famintas]. Sheri, então, começou a pensar se não conseguiria levar o trabalho da FMSC até Malawi. Seu plano era enviar 1 milhão de refeições às crianças. Seria necessário dinheiro para pagar a comida e os custos de envio, além de um pequeno exército de voluntários. Sheri conseguiu obter os fundos com a Fundação General Mills. Mas quem estaria disposto a encaixotar todas aquelas refeições?

Na quarta-feira de manhã, então, Sheri realizou uma reunião aberta a todos os funcionários da General Mills. No evento, ela falou sobre as condições no Malawi, apresentou seu projeto de enviar ao país 1 milhão de refeições e pediu a ajuda de todos. A força com que o coração de Sheri se deixara tocar pela causa das crianças do Malawi transparecia em sua apresentação. Logo que ela terminou de falar, todos os voluntários de que precisava já estavam garantidos. Já na sexta-feira pela manhã todos os formulários de voluntariado estavam preenchidos.

A história, no entanto, não termina aqui. As conexões com o Malawi continuariam crescendo à medida que mais e mais pessoas se envolviam no programa. Essas conexões levariam à construção de escolas, à doação de fundos para a prospecção de poços e a expansão do abastecimento de água e, por fim, à transferência de tecnologia para o desenvolvimento de novos meios de conservação dos alimentos produzidos dentro do país, de maneira que eles estivessem disponíveis durante os meses de seca e carestia. Centenas de pessoas se envolveram e milhares de vidas foram afetadas.

E tudo isso começou porque alguém se comoveu com a história de um taxista e teve coragem de usar sua experiência profissional e influência para seguir seu coração. O projeto floresceu e cresceu porque muitas outras pessoas desejavam fazer parte dele. Esse é o tipo de espírito que personifica a excelência em liderança. Os benefícios para o povo do Malawi, que era o objetivo primordial, foram claros. E como resultado indireto, a cultura das muitas empresas e organizações envolvidas se enriqueceu e todos passaram a ver as coisas com maior compaixão. O projeto também deixou os participantes muito orgulhosos do trabalho que estavam fazendo e das organizações que apoiaram a causa. Além disso, mostrou ao mundo – aos investidores, aos funcionários em potencial – como eram especiais as pessoas que dirigiam essas organizações. A iniciativa despertou as emoções de todos os envolvidos e lhes mostrou que todos nós – todas as pessoas do mundo – estamos juntos nisso tudo.

A história do Malawi é o exemplo de uma executiva que encontrou inspiração numa conexão estabelecida durante uma corrida de táxi e que depois confiou em sua competência como profissional e em suas emoções para conduzir um projeto que geraria uma enorme quantidade de mudanças positivas. Mas nossas emoções também são importantes aliadas quando se trata de administrar ou promover mudanças menores. Conforme vamos nos familiarizando com elas, passamos a acreditar com mais confiança que a inquietude que estamos sentindo em uma reunião pode querer dizer mais do que aquilo que as outras pessoas nos estão transmitindo. Com isso, desenvolvemos mais habilidade para fazer as perguntas certas. Ou então, para dar outro exemplo, se percebermos a angústia que nos informa que a escolha apresentada por alguém não se harmoniza com nossos princípios de liderança, provavelmente estaremos mais inclinados a parar e buscar uma alternativa.

Suas emoções também podem ajudá-lo a perceber se sua equipe está ou não totalmente engajada quando você estiver introduzindo novas iniciativas. Quem exerce cargos de liderança conhece bem os problemas que podem surgir quando sua equipe não está em sintonia com determinada mudança. Nessas ocasiões, as pessoas vão dizer a coisa certa em público, mas depois sairão da sala sem o nível de comprometimento necessário para que a mudança seja perfeitamente implementada. Quando aprendemos a confiar nas emoções que afloram nessas reuniões, por mais sutis que sejam, podemos sondá-las em busca da inquietude que anuncia a necessidade de encorajarmos um diálogo mais franco.

Mas navegar com mais precisão e habilidade pelo terreno das emoções é algo que demanda muita prática. Não nos ensinaram a tratá-las como amigas, a vê-las como fontes de informação ou como marcos balizadores para nos conhecermos melhor e nos conectarmos mais plenamente com as pessoas que encontramos. Tampouco nos ensinaram a perceber quando as emoções são alimentadas pela mente pensante, sabotando-se assim nossa capacidade de ver as coisas claramente e tomar decisões sábias.

Na medida em que passamos a abordar nossas emoções com mais amabilidade e curiosidade, aprendemos a perceber quando elas se tornam desproporcionais ao acontecimento que as originou, porque nossos pensamentos ou condicionamentos as estão alimentando. Começamos a notar, também, as ocasiões em que as estamos enxotando ou, ainda, evitando-as por meio de distrações, quando poderíamos utilizá-las como uma fonte para saber mais sobre nós mesmos ou sobre a situação em questão. Por fim, passamos a confiar na informação que nos é oferecida, ao nos valermos das emoções para guiar nossas escolhas. Precisamos dar à nossa capacidade de compreender as emoções o mesmo valor que damos à nossa habilidade de educar a mente discursiva ou cognitiva. No mundo de hoje, contar apenas com nossos pensamentos e com nossa experiência não é suficiente. Precisamos empregar todas as nossas habilidades – incluindo a de compreender as emoções – em nossa vida e em nosso método de liderar.

# CAPÍTULO 13

# Compaixão e gentileza no ambiente de trabalho

*Um ser humano é parte de um todo a que chamamos universo, uma parte que é limitada no tempo e no espaço. Ele se experimenta, experimenta os seus pensamentos e sentimentos, como algo separado do resto – uma espécie de ilusão de óptica da sua consciência.*

Albert Einstein

Muitos anos atrás, dei uma palestra em um congresso em Massachusetts. Logo no início da sessão de perguntas, um jovem se levantou no fundo da sala. Sem esperar pelo microfone, gritou, simplesmente: "Tudo bem, você me convenceu de que esse negócio de treinar a mente é necessário para melhorar o foco e a criatividade. Mas será que, com isso, certos líderes não vão usar isso apenas para alimentar seu egoísmo e sua ganância?". Embora eu não tivesse previsto uma pergunta como aquela, tratava-se de uma preocupação legítima para quem nunca tinha ouvido falar de liderança consciente. De fato, foi uma pergunta que me fizeram muitas vezes desde então.

Parei um pouco para organizar minhas ideias e depois expliquei que o treinamento em liderança consciente desenvolve quatro fundamentos da excelência em liderança: foco, clareza, criatividade e compaixão. De longe, o mais transformador dentre eles, tanto para o indivíduo como para a organização e a comunidade, é a compaixão.

De fato, em muitos dos exemplos que já vimos neste livro, as mudanças mais significativas ocorreram como resultado de uma compreensão mais profunda de nossas conexões mútuas. Como disse o monge Thomas Merton, "A ideia de compaixão é inteiramente baseada na consciência aguda da interdependência dos seres vivos, que são todos parte uns dos outros e estão todos envolvidos uns com os outros".

Vez ou outra, conforme você avance em sua prática e comece a ver a vida com mais clareza, pode ser que decida realizar mudanças a partir de sentimentos de compaixão recém-descobertos, ou recém-libertos. Pode ser que você descubra algum tipo de sofrimento dentro de si e queira aliviá-lo com um pouco de autocompaixão; ou que veja e compreenda melhor algum aspecto de seu ambiente de trabalho que implique desamparo ou exclusão para alguns de seus colegas. Pode ser, por fim, que você comece a vislumbrar novas formas de fazer seu trabalho que sejam menos prejudiciais para o meio ambiente ou mais benéficas para a comunidade.

Ao contrário do que devia pensar o rapaz que me fez aquela pergunta, a compaixão é parte integrante da liderança *mindful*. O aprendizado autêntico da liderança consciente fortalece as qualidades de altruísmo e generosidade de que também necessitamos para liderar de verdade em vez de apenas gerenciar ou executar. Entre os estudos mais recentes que buscam encontrar um elo entre meditação e compaixão, há um trabalho do laboratório de David DeSteno, do Departamento de Psicologia da Northeastern University, em que se procurou descobrir se a meditação *mildfulness* levaria à intensificação da compaixão no comportamento dos indivíduos. O estudo de 2013 mostrou que cerca de 50% dos indivíduos que haviam participado de um programa de meditação de oito semanas levantaram-se e ofereceram seu assento a uma pessoa que estava de muletas e tinha espasmos de dor, enquanto apenas 15% fizeram o mesmo no grupo dos que não praticavam meditação.

A compaixão é uma força poderosa. Quando nos abrimos para ela, ganhamos coragem e embasamento para nossas escolhas. Ela nasce no coração e é guiada pela mente. Seu poder é evidente ao longo da história e em nossa própria vida cotidiana. Quando olhamos para aqueles momentos da história em que as pessoas se ergueram contra a injustiça e a agressão, vemos que sua força e coragem para fazê-lo vieram da compaixão que tinham, de uma compreensão profunda e real do sofrimento que imperava, seguida do desejo de fazer algo a respeito. São exemplos Abraham Lincoln, Martin Luther King, Madre Teresa e Mahatma Gandhi. A compaixão dessas pessoas levou-as a tomar uma posição firme e, assim, praticaram atos de extrema amabilidade em favor daqueles que estavam sofrendo. Foram, portanto, fortes exemplos de presença de liderança.

Em sua própria vida, provavelmente você não terá de tomar uma posição histórica em nenhuma questão social de grandes dimensões. Mesmo assim, poderá perceber que, quando compreendemos o sofrimento alheio e nos comovemos verdadeiramente, sentimos necessidade de fazer alguma coisa. Conforme você se torna mais consciente dos momentos em que sua mente se distrai para não prestar atenção a esse aperto no coração, torna-se também mais apto a aprofundar sua compreensão e escolher uma linha de ação capaz de aliviar o sofrimento em curso. Quando isso acontece, a força do seu coração impulsiona suas ações e você se sente invencível.

Não por acaso, perceber nosso próprio sofrimento é o ponto de partida para aprendermos a cultivar a compaixão. Em geral, não somos muito bons em reconhecer as dificuldades em nossa vida e somos ótimos em negar e ignorar seus aspectos dolorosos. Isso é ainda mais verdadeiro quando se trata de líderes. Certa vez, ouvi o presidente de uma das melhores escolas de administração do mundo falar sobre como os alunos de MBA relutam em admitir, diante dos outros, uma falha ou dificuldade em sua vida. Na verdade, segundo ele, esses alunos mal tinham consciência de suas falhas e dificuldades. Sua conclusão foi que "o sucesso é um ótimo esconderijo". De fato, quando certas áreas de nossa vida estão indo bem e todos nos dizem isso, podemos nos distrair facilmente concentrando a atenção nelas. Podemos escolher viver uma vida parcial, ignorando a realidade de que todas as nossas partes – não apenas as bem-sucedidas – é que fazem de nós o que somos.

O sucesso não é um bom esconderijo apenas para alunos de MBA. Os líderes bem-sucedidos, em geral, também relutam em admitir que têm dificuldades na vida. Afinal, se há tantas coisas indo bem, por que se chatear com aquelas que estão causando sofrimento? Isso acontece com ainda mais intensidade no caso de líderes que gostam muito de cuidar das pessoas. Geralmente, eles despendem toda a sua energia tentando resolver os problemas de familiares, amigos, colegas, vizinhos e de suas equipes. Ao mesmo tempo, ignoram ou negam a necessidade de aliviar sua própria dor. São desprovidos de autocompaixão.

Matthew, um executivo de muito talento que trabalhava em um grande escritório de advocacia, descobriu o valor da autocompaixão.

> No dia 11 de fevereiro, meu cunhado morreu tragicamente com apenas 30 anos de idade, deixando desamparadas minha irmã, que estava grávida, e uma filha de 10 anos. Minha família é incrivelmente unida. O fato, portanto, deixou todo mundo chocado. Na mesma hora, tomei um avião com destino a Miami para ficar com minha irmã.
>
> Na pressa, com todas as coisas que tinham de ser resolvidas, eu apenas comecei a "fazer" – fui cuidar dos preparativos, ver o legista e o gerente da funerária, fechar contas bancárias etc. Por dois dias seguidos, apenas "fiz", sem "sentir" nada. Ergui ao meu redor um muro de tijolos e NADA o derrubaria! Mas descobri que essa falta de atenção, essa inconsciência, pode custar caro.
>
> Meu estômago estava totalmente embrulhado. Não conseguia dormir nem comer. Parei de correr (minha paixão) porque meus nervos estavam em frangalhos. Estava ignorando uma série de sinais importantes. Tentava me manter concentrado nas necessidades de todas as outras pessoas. Queria "resolver". Mas chegou uma hora em que eu não pude mais ignorar o que estava sentindo.
>
> Então, lembrei-me de meu treinamento em *mindfulness*. Levantava-me pela manhã e fazia caminhadas meditativas de uns trinta

minutos. Foi a melhor coisa que eu fiz. Saí do estado de piloto automático e adquiri consciência plena do momento presente. Comecei a ver, ouvir, cheirar, provar e sentir o presente. Senti a dor da perda, a revolta de ver a situação em que estavam minha irmã e a família, a preocupação com meus próprios filhos, e então chorei.

Lembrei-me de respirar – uma coisa tão simples, mas que fez toda a diferença. Quando as coisas ficavam insuportáveis, eu parava, fazia uma pausa intencional e respirava. Com isso, tornei-me um irmão, um pai e um filho melhor. Deixei que todos me tocassem e me senti bastante consolado, e até me alegrei celebrando a vida de meu cunhado. Estava mais receptivo, menos alienado. Não agia mais como um robô. Também voltei a dormir e comer, o que tornou bem mais suportáveis as tarefas e os pensamentos de então.

Eu me concedi a chance de sentir minha própria vida naquele momento. Se não tivesse feito isso, não teria sentido o amor e o apoio dos amigos, familiares e colegas de trabalho. Não ficaria sabendo o quanto as pessoas podem ser amáveis e generosas nem como estão dispostas a ajudar a qualquer hora. Teria perdido a oportunidade de perceber o quanto sou abençoado.

Minha irmã deu à luz semana passada e tanto ela como o bebê estão bem.

A história de Matthew nos ensina muitas lições. Você consegue se ver agindo de maneira semelhante quando se vê diante de um cenário de crise – tão empenhado em "resolver" que acaba perdendo o sono, comendo mal e negando ou ignorando suas próprias emoções? Eu, certamente, consigo ver que passei grande parte da vida fazendo isso. O que aprendi foi exatamente o que Matthew, de maneira tão bonita, descreveu. Ter autocompaixão *não* implica negar sua capacidade de ajudar e apoiar as pessoas. Você não precisa pôr de lado sua dor para poder continuar "resolvendo" as coisas. Na verdade, se você estiver disposto a enxergar sua própria situação com mais clareza, terá mais facilidade para prestar atenção nos outros e, assim, saberá o que estão precisando *receber* e que tipo de apoio podem *dar*.

## Como se cultiva a compaixão?

O cultivo da compaixão geralmente começa pela prática da gentileza, que nos ajuda a reconhecer e acolher no coração as necessidades fundamentais de todos os seres humanos.

Consideremos algumas dessas necessidades:

Todos queremos nos sentir protegidos de danos físicos e emocionais.
Todos queremos nos sentir fortes e saudáveis.
Todos queremos nos sentir felizes.
Todos queremos viver com tranquilidade (a expressão "viver com tranquilidade", para os fins desta meditação, significa viver com clareza e equanimidade).

Essas quatro afirmações representam o desejo comum que todos temos de minimizar o sofrimento na vida. Elas são os pilares de uma meditação que pode ser utilizada como parte de sua prática diária.

## Meditação da compaixão (ou bondade amorosa)

Para começar, siga os mesmos quatro passos estabelecidos em todas as práticas meditativas com que já trabalhamos.

***Prática meditativa da compaixão - Parte 1***

1. Sente-se numa posição confortável, em que seu corpo se mantenha imóvel e apoiado.
2. Comece praticando a consciência da sua respiração. Quando estiver pronto, pronuncie mentalmente cada uma das frases a seguir duas vezes, sem pressa, prestando atenção ao seu corpo, sobretudo à região do coração, ao mesmo tempo que pronuncia cada frase. Faça um intervalo de duas respirações

antes de cada frase. Os dois focos de atenção são (1) a experiência de dizer as frases e (2) as sensações corporais que afloram enquanto as frases são ditas.

- Que eu possa me sentir protegido de danos físicos e emocionais.
- Que eu possa me sentir forte e saudável.
- Que eu possa me sentir alegre.
- Que eu possa viver com tranquilidade?.

3. À medida que for dirigindo a atenção a cada uma das frases, procure manter uma postura de curiosidade e abertura a qualquer coisa que você perceba no seu corpo. Não precisa transformar, controlar nem avaliar nada do que for percebendo.
4. Procure perceber quando sua atenção for desviada ou se dispersar e redirecione-a de volta aos dois focos de atenção – as frases e as sensações corporais. Não precisa julgar se está se saindo bem ou mal nisso.

É importante compreender que, ao almejar esses estados de ânimo – segurança, força, felicidade e vida tranquila – o que você está querendo não é sentir essas coisas quando elas não forem verdadeiras. "Que eu possa me sentir feliz" é uma aspiração, não uma ordem pela qual você esteja se forçando a sentir felicidade e a ignorar sua experiência. Não se trata de cultivar a ilusão. Em vez disso, esta meditação abre seu coração e sua mente para essas necessidades, faz você se lembrar de que é parte da humanidade e enfatiza a importância de *sentir* o que está aqui.

O que você percebeu? Como se sentiu oferecendo compaixão e gentileza a si mesmo? No início, pode parecer estranho fazer isso. Pode ser que você não esteja acostumado a reconhecer sua condição de ser humano dessa maneira. Ou então podem surgir sentimentos fortes de perda por você reconhecer, talvez pela primeira vez, que também deseja viver assim. Todos nós queremos sentir segurança, força, saúde e felicidade. Todos queremos viver a vida com tranquilidade, isto é, na posse de uma noção clara do que está aqui e de como desejamos vivenciar cada momento que surge.

Você também pode perceber emoções e pensamentos que pareçam visitá-lo sempre em sua prática de gentileza. Por acaso, este exercício gera sentimentos de desconforto às vezes? Esses sentimentos são familiares? Você percebe certo fervor ou uma espécie de familiaridade ao reconhecer suas necessidades e, talvez, atentar para si mesmo de uma maneira que estava fazendo falta atentar? Por acaso, percebe algum sentimento de culpa surgindo? Ou pensamentos como "isso é egoísmo da minha parte". Você acha que isso é verdade?

Por que você deveria acreditar que todos os seres humanos desejam esses elementos fundamentais para diminuir o sofrimento que sentem e, ao mesmo tempo, negar-se a reconhecer que também os deseja? Por que isso? Será que o alívio do sofrimento é uma coisa certa para todo mundo, mas não para você?

Seja gentil consigo mesmo quando estiver explorando essas questões. Atenha-se a esta prática por vários dias antes de passar à próxima parte ou de retornar às outras meditações diárias deste livro. Encare com abertura e curiosidade tudo o que surgir.

Quando estiver pronto, pode passar à parte 2 da Prática Meditativa da Compaixão.

***Prática meditativa da compaixão – Parte 2: expandindo o círculo***

Para continuar este exercício, diga as frases seguintes, as quais direcionam aos outros as mesmas coisas que você desejou para si mesmo.

Primeiro, escolha alguém que você ame incondicionalmente. Tem de ser uma pessoa que o ame exatamente como você é. É interessante trazer à mente uma imagem dessa pessoa antes de você começar a proferir em silêncio cada uma das frases, duas vezes, parando pelo intervalo de algumas respirações antes de seguir para a próxima frase.

- Que você se sinta protegido.
- Que você se sinta forte e saudável.
- Que você se sinta feliz.
- Que você se sinta tranquilo.

O que você percebe a respeito das sensações que se manifestam? Percebe, por acaso, uma sensação de calor na região do coração? Ou talvez uma leveza no peito ao direcionar as frases à pessoa que o ama? Você está ciente de que se sente conectado a essa pessoa? Depois que praticar com as sensações do corpo ou com a respiração por algum tempo, você estará pronto para continuar expandindo o círculo que está começando a criar.

Sem se apressar, tome essas mesmas quatro frases e, da mesma maneira que as ofereceu a si mesmo e a alguém que o ama, ofereça-as aos indivíduos da lista abaixo, um a um:

- alguém que você ame
- um mentor ou um professor
- um amigo querido
- um conhecido (alguém que você conheça, mas não muito bem)

A cada vez que escolher alguma pessoa nova, lembre-se de trazer à mente uma imagem dela antes de começar. Sempre que possível, pratique por alguns minutos usando as sensações corporais ou a respiração antes de concentrar-se em uma nova pessoa.

Por último, traga à mente alguém cuja presença em sua vida seja motivo de complicações. Reconhecendo que também ele ou ela só deseja viver com tranquilidade e sentir segurança, felicidade e saúde, expanda o círculo uma vez mais, oferecendo as quatro frases a essa ela. Você não precisa ficar pensando no porquê de essa pessoa ser difícil ou no sofrimento que ela já causou. Não faça julgamentos.

Por ora, apenas reconheça que ela compartilha com todos nós essas características humanas fundamentais.

Preste muita atenção a tudo o que lhe vier à mente durante esta prática. O que você está percebendo? Não há resposta certa ou errada para essas perguntas. Se uma enxurrada de ideias surgirem na sua cabeça – julgamentos, memórias, histórias – perceba a presença desses pensamentos, livre-se deles intencionalmente por ora e então traga sua atenção de volta às sensações do corpo.

Seja gentil consigo mesmo. Se achar difícil demais oferecer essas frases de compaixão a alguém que o tenha magoado, ofereça-as a essa pessoa e a você ao mesmo tempo. Essa prática não exige que você mude nada – não exige que perdoe ninguém ou que mude a maneira como se sente em relação a ninguém. Embora seja possível que, com o tempo, você perceba uma mudança sutil, ou não tão sutil, nos seus sentimentos por alguém que o tenha magoado, esse não é o objetivo deste exercício. A prática da compaixão apenas abre o seu coração de modo a fazê-lo reconhecer que estamos todos juntos neste mundo, que há desejos humanos fundamentais de que todos nós compartilhamos e que todos sofremos na vida de tempos em tempos.

Nos momentos finais da sua meditação, retorne à parte 1 desta prática, voltando a oferecer essas quatro frases a si mesmo para cultivar a autocompaixão.

Essa prática nos ajuda a entender o valor da gentileza, o ato que provém de nossos esforços para personificar a compaixão. A meditação da compaixão nos abre o coração e nos põe em contato íntimo com nossas próprias necessidades e com as necessidades dos outros. Também nos ajuda a usar a compaixão para acolher essas necessidades e prestar mais atenção a elas, bem como aos muitos modos pelos quais fomos condicionados a negá-las ou ignorá-las.

Segundo o ex-secretário de Estado Colin Powell, a gentileza não "consiste apenas em ser amável com os outros, mas em reconhecer outro ser humano que merece cuidado e respeito". Em seu livro

*It Worked for Me* [Funcionou comigo], Powell conta uma história breve mas maravilhosa sobre uma descoberta que fez quando era secretário de Estado.

> Certo dia, fugi do meu lindo escritório e de todos aqueles maravilhosos agentes de segurança e me mandei para a garagem. O lugar é terceirizado e os funcionários que trabalham lá são quase todos imigrantes e integrantes de minorias que ganham apenas uns poucos dólares a mais do que um salário-mínimo.
>
> A garagem é pequena demais para todos os carros dos funcionários. Enfiá-los todos ali dentro é um desafio que se repete toda manhã. O método utilizado consiste em enfileirar os carros uns ao lado dos outros, tão apertadamente que não sobra espaço para manobrá-los. Como o número três não consegue sair sem que os números um e dois saiam antes, o fim do expediente à noite vira um caos se os carros que estão na frente não saírem da garagem na hora habitual. Inevitavelmente, um monte de gente impaciente tem de ficar por ali em pé esperando sua vez.
>
> Os manobristas nunca tinham visto um secretário de Estado perambulando pela garagem. Pensaram que eu estivesse perdido [...]. Perguntei-lhes sobre o trabalho, de onde eram, se não tinham problemas com o monóxido de carbono, entre outras futilidades [...]. Depois de um tempo, fiz uma pergunta que tinha me intrigado: "Quando os carros chegam de manhã, como é que vocês decidem quem vai acabar sendo o primeiro a sair e quem vai ser o segundo e o terceiro?".
>
> Eles então trocaram olhares e sorrisos entendidos. "Sr. secretário", disse um deles, "é tipo assim. Quando o sujeito chega, se ele abaixa o vidro, olha para fora, sorri e sabe o nome da gente, ou então diz 'Bom dia, como vai?' ou algo assim, ele é o primeiro a sair. Agora, se o cara passa olhando fixo para a frente e faz que nem viu a gente ou age como se a gente não estivesse fazendo mais que a obrigação, bem, esse provavelmente vai ser o último a sair."

Essa história ilustra muito bem a igualdade da humanidade. Somos todos importantes. Todos merecemos respeito. Todos valorizamos a compaixão.

## A compaixão no trabalho

Com atos simples de gentileza, pode-se inserir a compaixão no dia a dia do ambiente de trabalho. Quando decidimos fazer uma pausa intencional e cumprimentar um colega ou oferecer-lhe uma palavra de apoio ou perguntar se está tudo bem, introduzimos a gentileza no ambiente de trabalho. E seu efeito cascata não conhece limites. Um líder compassivo é capaz de transformar o mais problemático dos ambientes de trabalho. Quando um líder personifica a compaixão e é visto como uma pessoa amável, até mesmo suas mensagens mais duras têm mais probabilidade de serem bem recebidas. Afinal, quando trabalhamos com alguém que nos respeita, nos inclui e nos valoriza de maneira sincera, isso contribui imensamente para nos fazer confiar em suas decisões e respeitá-las.

Ser gentil, no entanto, não é o mesmo que ser cortês ou politicamente correto. A gentileza vem da compaixão, isto é, de uma conexão autêntica com os outros e com as dores e alegrias que eles sentem. Se não vier do coração, seu efeito pode ser desastroso. Quando alguém com quem tenhamos um relacionamento significativo – como um chefe ou um colega – fala só por educação quando pergunta, “Como vai?”, sem se deter por mais que o tempo de respondermos com um “Bem, obrigado”, somos capazes de perceber a falta de sinceridade. Quando encontramos alguém assim, reservado e distante, não nos sentimos respeitados, incluídos ou valorizados. Sentimo-nos invisíveis.

A prática da compaixão também nos ajuda a construir um novo relacionamento com as pessoas com quem temos dificuldades de convívio. Começamos a quebrar as barreiras que geralmente construímos em torno de nós quando a presença de alguém nos ameaça. Construímos essas barreiras para nos proteger, mas elas também nos mantêm aprisionados, limitando nossa capacidade de viver tudo o que a vida tem a nos oferecer.

Fabrice, um líder esforçado que trabalhava no departamento de vendas de uma multinacional do ramo aeroespacial, descreveu para mim sua experiência de tentar mudar o relacionamento que tinha com um chefe difícil. Fabrice era muito bom no seu trabalho e os colegas gostavam bastante dele. Tudo parecia bem encaminhado, até que, um dia, um novo diretor entrou na empresa e se tornou chefe dele. No início, não parecia haver nada de errado, mas logo Steve, seu chefe, começou a gerir cada detalhe do que Fabrice deveria fazer e passou a sabotá-lo excluindo-o de reuniões importantes. A despeito de várias tentativas de falar com Steve sobre esses problemas, Fabrice não conseguiu mudar nada, e em pouco tempo passou a temer cada novo encontro com o chefe.

Fabrice já vinha desenvolvendo práticas meditativas de liderança consciente fazia alguns anos, com pausas intencionais e tudo o mais, portanto começara a se perguntar se ela poderia ser útil nessa situação com o chefe. Um dia, quando estava sentado à sua mesa, o telefone tocou. Quando olhou para o visor e viu o número de Steve, imediatamente percebeu uma sensação de aperto no peito. Antes mesmo de pegar o telefone, Fabrice já podia sentir, pelas reações de seu corpo, que estava se fechando em uma postura defensiva. Ao mesmo tempo, também se deu conta de que isso só pioraria as coisas. Steve queria que Fabrice fosse até sua sala para uma reunião de emergência.

Enquanto pegava seu laptop, Fabrice decidiu caminhar até o escritório do chefe fazendo uma meditação da compaixão semelhante àquela descrita neste capítulo. A cada dois ou três passos, ele ofereceria a Steve uma frase diferente (por exemplo, "Que você se sinta forte e saudável"), passando por cada uma delas e depois começando de novo. Mais tarde, Fabrice descreveu o que conseguiu perceber:

> Aos poucos, meu corpo começou a se abrir, o aperto diminuiu e minha caminhada ficou mais natural. Quanto mais me aproximava da sala de Steve, mais claro se tornava para mim que ele só queria o que todos querem da vida, assim como eu. Cheguei à reunião sem a reserva e a raiva que vinha sentindo havia algumas semanas. Sentei-me em frente a ele na mesa e nossa conversa foi mais produtiva do

que nunca. Acho que isso o surpreendeu porque, quando eu estava saindo da sala, ele me agradeceu pelas contribuições. Foi a primeira vez que aquilo acontecia, tanto para ele como para mim.

A compaixão abre as portas para que a mente se conecte com o coração. Em uma época como a nossa, em que todos pensam no ambiente de trabalho como um lugar esgotante e impessoal, cultivar e personificar a compaixão é mais necessário do que nunca. Impulsionada pela sabedoria do coração, a compaixão é a parceira perfeita para a nossa mente tão bem treinada para analisar. O coração e a mente estão profundamente conectados e ambos são necessários para liderar com excelência. Como disse certa vez Pir Vilayat Inayat Khan, um grande mestre sufi do século XX, “A mente é a superfície do coração e este é a profundeza da mente”.

## CAPÍTULO 14

# A visão de conjunto

*Não estamos aqui somente para* [...] *ganhar a vida. Estamos aqui para fazer com que o mundo possa ter mais amplitude, mais visão e um espírito mais puro de esperanças e conquistas. Estamos aqui para enriquecer o mundo, e nos empobrecemos quando nos esquecemos dessa missão.*

WOODROW WILSON

O que será que nos impede de ter uma visão de conjunto?

Aliás, o que será esse conjunto, afinal?

Em suas práticas meditativas e pausas intencionais, você já deve ter começado a ver as diversas maneiras pelas quais pode impedir a si mesmo de realizar plenamente seu potencial por estar prestando atenção apenas parcial às coisas a seu redor. Mais especificamente, talvez você já tenha percebido como a sua capacidade de concentrar-se, de ver com clareza o que está aí e de encontrar espaço para ser criativo pode ser ofuscada por uma existência apressada e sobrecarregada de compromissos. Suas reflexões provavelmente o convidaram a ouvir a voz de seus próprios princípios, a familiarizar-se com sua sabedoria interior e a levar a compaixão a todos os setores da sua vida.

Ao treinar as habilidades da mente, expandimos nosso repertório de meios para lidar com o caos do mundo de hoje. Tomamos maior consciência de nosso próprio efeito cascata. Com essas descobertas, começamos a vislumbrar oportunidades de escolhas conscientes que podem mudar o estado das coisas. Essas escolhas, por sua vez, são impulsionadas por nossa capacidade de parar um pouco e enxergar para além da "crise" presente, para além do próximo objetivo, para além de nós mesmos e do foco limitado que consiste em tocar em frente. Conseguimos, assim, ver com mais frequência o conjunto das coisas e o papel que desempenhamos nele.

As possibilidades de mudança decorrentes dessa nova visão de conjunto são ilimitadas. A visão de conjunto pode nos ajudar a reordenar nossas prioridades para podermos cuidar, com mais regularidade, daquilo que realmente é importante. Para algumas pessoas, a posse dessa visão de conjunto se traduz em mudanças comportamentais que aprofundam sua conexão com os colegas e transforma o ambiente de trabalho ou a comunidade em lugares mais respeitáveis e inclusivos. Para outras, ela é a força que as impulsiona a cultivar um novo ambiente de trabalho, em que se reconheça a necessidade da abertura e da flexibilidade como precursoras das grandes inovações. Muitas vezes, a visão de conjunto nos leva a dedicar o tempo necessário para encontrar soluções do tipo ganha-ganha-ganha: ganha a empresa, ganham os funcionários e ganha a sociedade.

Não raro, o desenvolvimento dessa visão de conjunto pode ser impulsionado se pararmos um tempo suficiente para nos darmos conta dos custos do nosso estilo de vida atual. Às vezes, somos obrigados a parar por causa de uma crise pessoal que nos atira no presente e nos fornece uma nova perspectiva sobre o mundo e o papel que desempenhamos nele. Outras vezes, somos nós mesmos que decidimos nos livrar de tudo por um tempo e fugir para um ambiente tranquilo e sem sobrecarga de compromissos. Podemos decidir fazer um retiro, ou passar um tempo na quietude do campo. Um desses lugares aonde se pode ir para escapar de tudo é o Better Farm, um centro educacional de sustentabilidade na zona rural de Nova York. A diretora do lugar, Nicole Caldwell, compartilhou comigo suas observações sobre as pessoas que vão passar um tempo ali:

> Quando as pessoas chegam aqui, estão presas ao *smartphone*, ao Facebook e aos seriados que gostam de ver. Telefonam sem parar: para

verificar as mensagens de voz, para ter certeza de que cuidaram de X, Y e Z na ausência delas, para ver se perderam alguma coisa desde a última vez que ligaram, uma hora antes. Algumas delas não conseguem participar de nenhuma conversa. Estão sempre com o celular na mão lendo mensagens, verificando novos posts no Twitter. Interrompem a conversa toda hora dizendo: "Deixe eu lhe mostrar este vídeo", ou "Desculpe, eu preciso atender esta ligação". É uma coisa impressionante de ver, essa duração limitada da atenção e a falta de disposição para permanecer no momento presente junto com outro ser humano. Aí o tempo passa e elas começam a viver e a trabalhar com outros indivíduos, nessa comunidade na qual todos estão reunidos provisoriamente. Então, os iPhones começam a desempenhar um papel menos importante na definição do sentido da vida dessas pessoas.

Finalmente, nessa conexão recém-descoberta com outros seres humanos com os quais compartilham um espaço real de vida, trabalho e criatividade, os visitantes reaprendem o que significa sentir compaixão e rir – não de algo como um filme ou um meme, mas sorrir de verdade e experimentar a alegria na presença de outras pessoas. De repente, indivíduos que jamais experimentaram o silêncio são vistos sentados lá fora, imóveis, apenas respirando e observando um passarinho pular de árvore em árvore, ou simplesmente acariciando um cão. Estão se dando conta de que aquele mundo de comunicação virtual que acessam pelas redes sociais em seus *smartphones* não é tão interessante quanto o mundo que está bem na frente deles.

Posso atestar que os retiros de liderança consciente provocam uma transformação parecida com essa. Nas primeiras sessões de prática meditativa, em que iPhones e *laptops* são proibidos, a experiência dos participantes é semelhante à de um drogado em crise de abstinência. Até o último dia do treinamento, no entanto, vários deles aprendem que são muitas as coisas que passam despercebidas e também as oportunidades que se perdem quando passamos quase todos os minutos de todos os dias atados à comunicação virtual. A descoberta da visão restrita, aquela que nos mostra a nós mesmos, é quase sempre a melhor ponte para compreendermos nossa obrigação de adquirir uma visão de conjunto e nossa capacidade de afetar o conjunto.

A expressão mais contundente que testemunhei desse fato foi a que ouvi numa tarde de sábado quando George, presidente de uma fábrica de roupas, contou aos demais participantes do retiro a experiência que tivera na noite anterior. Depois da sessão de meditação da sexta-feira à noite, iniciou um período prolongado de silêncio que só terminaria no dia seguinte. Durante o silêncio, não haveria televisão, iPhone, computador nem conversas.

Quando pusemos fim ao silêncio, no sábado à tarde, e começamos a conversar sobre a experiência de cada um nesse período, George foi o primeiro a falar.

> Depois de cada sessão, desde que começamos, há três dias, no instante em que punha o pé do lado de fora deste prédio para voltar ao meu quarto, eu levava a mão ao bolso para pegar meu BlackBerry. Mas, na noite passada, antes de sair para a sessão da noite, como eu sabia que não poderíamos usar nenhum aparelho eletrônico durante o período de silêncio, eu o guardei dentro da minha valise. Na hora em que saí da sessão da noite, claro, levei a mão ao bolso automaticamente. O aparelho não estava lá. Nesse momento, lembrei que Janice tinha dito algo sobre o céu à noite. Então, olhei para cima e vi a grandiosidade daqueles milhares de estrelas. Fiquei paralisado ao me dar conta de que fazia vinte anos que eu não via as estrelas. Deitei-me sobre a grama e permaneci ali, processando aquilo tudo. Nem sei quanto tempo fiquei assim, embasbacado diante do brilho do céu. Acabei enfim me levantando e indo para a cama. Mas, quando meu despertador tocou de manhã, a primeira coisa que me veio à cabeça foi: o que mais será que perdi enquanto olhava para o meu BlackBerry?

O grupo permaneceu em profundo silêncio enquanto George contava sua história. O que tínhamos ali era uma reflexão acerca da "visão restrita" que nos chamava a atenção para a necessidade da "visão de conjunto". Não há nada de errado com os iPhones, *laptops* e

BlackBerries. Precisamos desses aparelhos para trabalhar no mundo atual. Mas, quando eles nos roubam todo o tempo e deixamos de usá-los de uma forma compatível com a vida que queremos ter, perdemos uma parte de nós mesmos como seres humanos, geralmente a mais rica.

## O Fórum Econômico Mundial

Embora eu já tenha trabalhado, em todos os setores da sociedade, com líderes que procuram ter uma visão de conjunto mesmo ao estabelecerem os objetivos imediatos de sua organização, em nenhum lugar o desejo de ter essa visão e de influenciar o conjunto das coisas de forma positiva é tão aparente quanto no Fórum Econômico Mundial. Por uma semana, todo ano, a pitoresca montanha de Davos, no sudoeste da Suíça, transforma-se em um local de encontro inigualável ao receber esse evento. Figuras influentes de todos os setores da comunidade mundial fazem a viagem de avião, trem e ônibus para se reunirem por vários dias nos Alpes nevados, conversando e fazendo novos contatos. Trata-se de um diálogo sobre como mudar o mundo.

Nos salões do centro de conferências e nas salas de reunião dos hotéis da cidade, os grupos se reúnem para conversar abertamente sobre oportunidades e questões prementes no panorama mundial. Em *workshops* e laboratórios de ideias, nos almoços e jantares, nos corredores e nos ônibus de traslado, as conversas e os debates quase sempre acontecem longe dos olhos e ouvidos da mídia. O fato de o acesso dos meios de comunicação ser restrito a certas sessões plenárias e de os participantes serem instruídos a não atribuir declarações a nenhuma pessoa ao falarem, mais tarde, sobre alguma sessão, estimula a franqueza nas interações e também contribui para gerar um ambiente favorável ao surgimento de lideranças arrojadas. É um ambiente que nos faz lembrar de que estamos todos juntos no mesmo barco e precisamos ver as coisas de maneira global.

Entre os participantes estão primeiros-ministros, reis, princesas, executivos de indústria, artistas, empreendedores sociais, líderes de ONGs, músicos, acadêmicos e cientistas, bem como um grupo seleto de jovens líderes, cujos alunos são pessoas como Bill Clinton, Vladimir Putin e Angela Merkel. Tive a honra de ser convidada para o encontro de 2013, onde compartilhei meu trabalho em um dos *workshops* do fórum e conduzi uma sessão de meditação matinal, acontecimento inédito em Davos.

A preparação para o *workshop* foi uma experiência que nunca mais esquecerei. Senti na pele o verdadeiro significado do provérbio: "Cuidado com o que deseja". Por um lado, não poderia haver melhor oportunidade de apresentar o treinamento da atenção plena a líderes capazes de fazer a diferença, de provocar um enorme efeito cascata. Por outro lado, eu estava prestes a oferecer um *workshop* dedicado à liderança consciente numa época em que *mindfulness* era tido sobretudo como um tipo de treinamento para reduzir o estresse ou administrar problemas de saúde e ainda era muito pouco conhecido como um treinamento da mente, essencial para líderes. Era perfeitamente possível, talvez até provável, que a preparação da mente para cultivar no líder a capacidade de concentrar-se, ver as coisas com clareza, ser mais criativo e personificar a compaixão parecesse a todos uma ideia tão incomum que poucos decidiriam se inscrever. Mesmo assim, eu sabia que a formação em liderança consciente era parte essencial do desenvolvimento pessoal de um líder. Portanto, comprometi-me totalmente com o evento.

Quando os organizadores me perguntaram de que maneira eu gostaria de oferecer o *workshop*, decidi de imediato que seria importante haver tempo suficiente para múltiplas experiências do treinamento em liderança consciente propriamente dito – não apenas uma exposição teórica. Eu não queria só descrever um tipo de treinamento da mente voltado ao desenvolvimento da concentração, clareza, criatividade e compaixão. Queria oferecer aos participantes a oportunidade de experimentarem o treinamento e dialogarem sobre ele. Também queria apresentar o *workshop* com alguém que trabalhasse diretamente com o estudo científico da neurociência aplicada à atenção plena. Aqui entrava Mark Williams, diretor do Centro de Mindfulness de Oxford e professor de psicologia clínica da Universidade de Oxford. Tive o privilégio de poder ministrar o *workshop* com Mark, um grande especialista na área e uma grande pessoa também. Enquanto eu apresentava o treinamento em liderança consciente e as pesquisas que tinha realizado em diversos ambientes de trabalho, Mark falava um pouco sobre os estudos de neurociência que exploram de que maneira a capacidade da mente para ver as coisas com clareza e tomar decisões corretas pode ser prejudicada pela complexidade da vida cotidiana moderna e como o treinamento da atenção plena contribuiu para desenvolver nossa capacidade de minimizar esses efeitos deletérios.

O *workshop* Liderança Consciente na Prática foi marcado para a manhã do primeiro dia do fórum. Oferecê-lo no primeiro dia do fórum era uma maneira de permitir àqueles que gostassem da prática que participassem das sessões matinais de meditação marcadas para os dias subsequentes. Mark e eu chegamos mais cedo naquela manhã e ajudamos o pessoal da organização a compor um semicírculo de umas 25 cadeiras, deixando algumas outras de reserva encostadas à parede.

Agora, tudo o que restava era esperar para ver se alguém apareceria.

Quando as portas se abriram, não parava de entrar pessoas e logo elas preencheram o semicírculo. Em pouco tempo, todas as cadeiras estavam ocupadas e os organizadores começaram a trazer mais cadeiras. A sala acabou se enchendo com umas 70 pessoas e as portas tiveram de ser fechadas. Mais tarde, encontramos muita gente que nos disse que fora barrada na entrada. Era uma vez um mundo onde ninguém se interessava em treinar a mente para cultivar os fundamentos da excelência em liderança!

Quando o *workshop* começou, fiquei espantada com o público reunido ali. Passei os olhos pelos rostos daquelas pessoas que vieram em busca de algo novo para explorar e o que estava diante de mim era uma autêntica "visão conjunto", definida com uma clareza que eu jamais vislumbrara antes. Ali naquela sala estava a própria definição de diversidade, sob todas as perspectivas imagináveis – idade, religião, etnia, gênero e muito mais. Os repertórios e as responsabilidades abarcavam todo o espectro das atividades humanas. Havia desde artistas até empreendedores, editores, economistas e membros da realeza. Estávamos todos juntos naquele lugar para aprender e experimentar técnicas de treinamento da mente por meio das quais poderíamos, entre outras coisas, nos sentir e efetivamente estar mais conectados – com nossa própria sabedoria, com as pessoas à nossa volta e com o mundo em que vivemos e onde lideramos. O alcance universal do treinamento em liderança consciente nunca fora tão evidente. Tive de parar por um momento e respirar aquela experiência.

Na sequência, apresentei o diagrama com os elementos fundamentais da excelência em liderança (ver Capítulo 3) – foco, clareza, criatividade e compaixão. Falei sobre como a prática da meditação e as pausas intencionais desenvolvem e fortalecem esses elementos fundamentais. Mark apresentou alguns estudos de neurociência cognitiva e falou do impacto que um mundo caótico exerce sobre nossa capacidade de tomar as decisões mais acertadas e de ver as coisas com clareza. Depois, eu falei sobre como o Instituto para a Liderança Consciente levou esse treinamento a organizações de todas as partes do mundo.

Ao longo do evento paramos para praticar meditação, depois para uma reflexão sobre a excelência em liderança e, por último, para realizar um diálogo aberto. O grupo estava inspirado, entusiasmado e curioso. Como em todos os grupos de líderes para os quais já lecionei, os desafios comuns de liderar no século XXI logo vieram à tona.

Entre os desafios mais predominantes identificados pelos participantes estava o reconhecimento de que estamos sempre sobrecarregados de compromissos e constantemente distraídos, o que não nos deixa espaço para encontrar as formas mais habilidosas de administrar ou promover mudanças. Praticamos a multitarefa, ainda que uma parte de nós saiba quanta coisa estamos perdendo com isso. Mesmo quando conseguimos cumprir nossas tarefas, não temos tempo nem espaço para reconhecer nossa conquista, para revisar o projeto com a equipe e para aprender com os erros cometidos. Não há espaço para liderar adequadamente, não apenas da forma como desejamos, mas da forma como *precisamos liderar* se quisermos enfrentar os desafios organizacionais e globais do mundo atual de uma maneira que de fato faça diferença.

O grupo também se mostrou contente por poder ouvir novas reflexões sobre os custos pessoais de tanta distração e atribulação. Quando contei a história de um homem muito bem-sucedido que, com a prática da atenção plena, percebeu que havia perdido a oportunidade de presenciar a maior parte de sua própria vida, fez-se um profundo silêncio na sala e pude ver muitas pessoas balançando levemente a cabeça em sinal de assentimento. Todos sabemos que, ao trabalharmos muito sem jamais prestar realmente atenção no que estamos fazendo e com quem estamos fazendo, acabamos nos sentindo vazios.

Quando o *workshop* terminou, muitos vieram falar conosco pessoalmente sobre sua experiência. Na verdade, durante os quatro dias seguintes, eu teria a oportunidade de ouvir os relatos de participantes do *workshop* que encontrava nos corredores, no refeitório ou nas outras sessões. Eles compartilhavam comigo suas histórias, repletas de desafios incríveis e exemplos inspiradores de liderança e pioneirismo.

Um jovem líder africano conversou comigo sobre sua esperança de levar as práticas da atenção plena à nova geração de líderes de seu país, onde se acreditava que todos os líderes acima dos 40 anos de idade eram corruptos. Os mais jovens desejavam um tipo diferente de liderança. Outra pessoa disse que tinha esperança de que esse tipo de treinamento ajudasse a diminuir a desigualdade de oportunidades para as mulheres em seu país de origem, no Oriente Médio. Alguns participantes contaram histórias sobre as dificuldades por que suas empresas passavam devido à instabilidade econômica, e a tristeza que sentiram quando tiveram de fechar fábricas e demitir funcionários. Perguntavam-se se a liderança consciente poderia exercer algum impacto sobre os acontecimentos que culminaram naquelas decisões. Outros com quem conversei tinham, simplesmente, chegado a um ponto em que se sentiam cansados e precisavam encontrar outra maneira de lidar com a complexidade da vida que levavam e as responsabilidades cada vez maiores da posição de liderança que ocupavam.

A mãe de uma filha autista, que morava no Oriente Médio, contou-me que não havia serviços de apoio a pessoas com autismo em seu país. Queria saber se, com o treinamento que receberia em um retiro de liderança consciente, poderia, além de ajudar a si mesma, aprender alguma coisa que também pudesse ajudar a filha.

Essas conversas me tocaram profundamente. Desafiando a imagem de que os líderes só se importam com o sucesso de sua organização, sua próxima campanha, seu prestígio com o público ou o seu crescimento na carreira, ali estavam todas aquelas pessoas que queriam ser líderes melhores para poder fazer a diferença no mundo. A diversidade de indivíduos era extraordinária, mas havia uma motivação comum. Todo eles tinham visão de conjunto, mas não gostavam do que viam. Além disso, tinham aspiração, formação, influência e paixão necessárias para mudar o conjunto das coisas.

## Sem saída

Em maior ou menor grau, as pessoas que aprendem as técnicas da liderança consciente acabam descobrindo mais sobre si próprias. Mesmo com a pequena amostra de treinamento que pude oferecer durante o *workshop*, um dos participantes fez uma descoberta importante. Nathan, um jovem empresário, foi atrás de mim no dia seguinte para compartilhar como tinha sido sua experiência no *workshop*. Com um sorriso que ia de uma orelha à outra, ele começou dizendo: "Preciso lhe dizer que você mudou minha vida". Não sei se cheguei a tanto. O que posso afirmar, a partir de minha experiência como vice-presidente de uma empresa por mais de quinze anos, é que, quando um grande líder se vê tocado por alguma coisa, não costuma deixar isso escapar. Eis a história de Nathan:

> Tinha acabado de sentar na minha cadeira, com o *laptop* e o celular para poder postar no Twitter as experiências interessantes que eu viesse a ter durante o *workshop*. Sempre faço isso em *workshops* e apresentações. É assim que eu compartilho com as pessoas que conheço as coisas que acontecem no fórum, de maneira que não fiquei muito contente quando você pediu que fechássemos os *laptops* e desligássemos os celulares. Ou melhor, fiquei com bastante raiva, para falar a verdade; e a raiva foi aumentando à medida que você introduzia o assunto.
>
> Já tinha decidido sair. Estava convencido de que aquilo não era para mim e, como a sala estava lotada, ninguém se incomodaria se eu simplesmente escapasse pela porta de trás. Mas, no instante exato em que eu estiquei a mão para pegar o *laptop* do chão, você pediu a todos que fizessem silêncio para começar a primeira meditação. Isso me deixou sem saída, pois faria bastante barulho se me levantasse naquela situação.
>
> Então, fechei os olhos e comecei a escutar suas instruções de meditação. De início, tudo o que percebi foi o quanto estava furioso e como meu corpo estava tenso e desconfortável. Conforme continuava a meditação percebi, porém, um abrandamento, não só da tensão corporal, mas da raiva também. Fiquei curioso com o que poderia acontecer depois, por isso decidi ficar, mesmo já tendo então a oportunidade de sair de fininho.
>
> Na prática seguinte, eu estava mais calmo e percebi uma coisa. Comecei a pensar na minha reação a algo inesperado ou que me deixa desconfortável: dar no pé. Depois pensei em quantas coisas já posso ter perdido por reagir assim. Agora me comprometi comigo mesmo a empreender uma jornada para descobrir o que acontece se eu não der no pé. O que será que acontece se eu conservar minha curiosidade? O que será que posso descobrir?

Nathan foi a Davos porque estava interessado na visão de conjunto e no potencial de exercer algum impacto sobre o complexo mundo atual. Porém, em um experimento de liderança consciente, ele se deu conta de que, para descobrir o papel que podemos desempenhar em um contexto maior, antes temos de compreender como nossos pensamentos e nossas emoções estão nos afetando naquilo que vemos e não vemos. Em um único *workshop*, Nathan descobriu algo sobre si mesmo que poderia ter afetado seu potencial para ver as coisas com clareza e liderar com excelência. Ao adquirir mais consciência de suas reações às coisas que o inquietam, Nathan será capaz de enxergar mais elementos do conjunto e, talvez então, vislumbrar mais oportunidades de fazer a diferença.

## Os exercícios de liderança consciente e a visão de conjunto

É fácil nos deixarmos envolver pelas minúcias da vida e perder a visão de conjunto. É aqui, precisamente, que a prática da meditação e as pausas intencionais podem ajudar, libertando-nos dos detalhes por tempo suficiente para que façamos as perguntas realmente importantes. Conforme nos familiarizamos mais e mais com nossos pensamentos, emoções e sensações corporais, começamos a detectar com mais precisão aquelas situações em que necessitamos de uma visão de conjunto para fazer uma escolha.

As paradas para meditar ou para realizar as pausas intencionais podem gerar o espaço de que precisamos para fazer uma pergunta ou escolha importante. É também no âmbito desse espaço que nos damos conta de que a situação na qual nos encontramos não é um *ganhar a todo custo*, um *tudo ou nada*, um *oito ou oitenta*, ou um *só aceito se for do meu jeito*.

A visão de conjunto nos faz lembrar de nossas conexões e responsabilidades, bem como de nossa alta capacidade de abertura e compaixão. Chama-nos a atenção, enfim, para nossa capacidade de fazer a diferença.

De maneira geral, o que nos faz mesmo levantar da cama de manhã é a oportunidade de fazer a diferença. Queremos que nossa contribuição valha mais que um salário ou uma promoção no trabalho. Queremos ter certeza de que aquilo que realizamos é mesmo importante – para *alguém* ou *algo* maior que nós. Quando paramos por um tempo suficiente para escutar com atenção, geralmente conseguimos sentir esse impulso dentro de nós. Talvez você já o tenha percebido durante suas sessões de meditação. Há algo familiar nesse sentimento, algo que é fundamental para aquilo que somos. Alimenta-o o reconhecimento de que a visão de conjunto é que nos mostra que estamos todos conectados, que somos todos atores de um mesmo filme. Isso vale para todos. Cada um de nós pode buscar maneiras de afetar muito ou pouco o nosso mundo. Quando ocupamos posições de prestígio, temos a oportunidade de usar nossa formação e criatividade para obter os recursos de que necessitamos para fazer a diferença. Isso é, ao mesmo tempo, um privilégio e uma responsabilidade do líder.

## CAPÍTULO 15

# Como realizar seu potencial de liderança

*Todo mundo traz dentro de si uma boa-nova. Essa boa-nova é que você não sabe quão extraordinário você pode ser! O quanto pode amar! As coisas que pode executar! E quão grande é o seu potencial!*

ANNE FRANK

Treinando sua mente com meditações de liderança consciente, reflexões e pausas intencionais, você pode se tornar mais você mesmo. Quando esse treinamento realmente fizer parte da sua vida, o efeito cascata resultante tem o potencial de transformar sua empresa, organização ou sociedade. Eu vi essa transformação acontecer comigo, em organizações cujos funcionários treinei e nos retiros promovidos pelo Instituto com líderes de todas as partes do mundo.

Mas como será que essa transformação acontece?

Para a maioria das pessoas, ela ocorre bem aos poucos. Primeiro, somos surpreendidos por um simples ato de parar. Embora possamos ter uma vaga noção do quanto nos mantemos ocupados, apenas quando nos livramos por um tempo dos eletrônicos e das demais distrações é que começamos a reabituar o corpo, a mente e, geralmente, também o coração. As meditações diárias nos convidam a estar na companhia de nós mesmos com regularidade e também a perceber um pouco melhor, durante esses momentos, como é que estamos nos saindo *realmente* – não como julgamos nem como os outros julgam que estamos nos saindo. Pode ser que sintamos cansaço e dores e que detectemos pensamentos mal resolvidos ou emoções não reconhecidas. Talvez paremos por tempo o suficiente para nos sentirmos profundamente gratos pela vida que nos foi dada e as muitas bênçãos que recebemos. Também pode ser que comecemos a notar em nós comportamentos provocados por nossas reações a gatilhos emocionais ou circunstanciais. Por fim, podemos começar a ver como estamos constantemente negando nossos princípios ou ignorando as coisas importantes da vida porque algo diferente nos parece mais urgente na ocasião.

A vida da mente, que como vimos abrange muito mais do que o uso das funções analíticas do cérebro, torna-se uma nova fronteira a explorar, com novas descobertas à nossa espera, diariamente. Essa exploração nem sempre é agradável. Muitas vezes, quando nos vemos frente a frente conosco, com aqueles que nos cercam e com o ambiente no qual vivemos e trabalhamos, finalmente enxergamos uma série de coisas que conseguimos repelir ou ignorar por um longo período – por vezes décadas. Entretanto, junto com a clareza e a capacidade de concentração, também desenvolvemos a criatividade e a compaixão. Descobrimos, então, a desenvoltura que temos e vivenciamos os grandes momentos de alegria e paz que sempre estiveram à nossa disposição, ainda que raramente os tenhamos notado.

Depois de aprender tudo isso, podemos criar o espaço de que precisamos para fazer escolhas intencionais sobre as coisas que acabamos descobrindo, as coisas que enfim passamos a enxergar. Podemos encarar essas descobertas com a abertura e a coragem que nos conduzirão a soluções criativas. Particularmente, aprendemos algo mais sobre o papel essencial da compaixão no ato de liderar e de viver com excelência. A compaixão nos faz compreender o sofrimento à nossa volta como algo que pertence a todos e nos faz ver nosso próprio sofrimento como uma parte de nós que pode ser assumida e cuidada, com gentileza e delicadeza.

Por último, mas não menos importante, ao pararmos para treinar a nós mesmos, encontramos novas maneiras de nos relacionar com nossas novas descobertas. Percebemos que estamos com medo e, em vez de esconder esse sentimento, voltamo-nos para ele com delicadeza e o abordamos com aceitação e curiosidade. Aprendemos a ver e aceitar a realidade do presente do jeito que ela é.

O passo seguinte é explorar possibilidades de escolha mais sábias (se existirem) do que aquelas que adotamos no passado. Por exemplo, no caso do medo, ao voltar-se para ele abordando-o com curiosidade, você pode descobrir que não é necessário trabalhar tanto para se desviar desse sentimento; ou talvez você termine compreendendo que seu medo se funda num conjunto imaginário de consequências improváveis.

À medida que experimentamos maior integração pessoal de nossas práticas de atenção plena, logo aprendemos que uma pequena mudança é, muitas vezes, mais que suficiente. Seja o oferecimento de um ato de compaixão a uma pessoa que lhe causa dificuldades na vida; ou o ato de libertar-se, ainda que parcialmente, do autoengano que o prendeu a um estilo de vida marcado pelo excesso de compromissos; ou a renúncia aos seus projetos menores para buscar uma visão de conjunto – uma pequena experiência pode render grandes mudanças. A liderança consciente não exige que você mude tudo e todos à sua volta. Ela o ensina a prestar mais atenção ao que está aí e o convida a testar escolhas intencionais que provocam pequenas mudanças. Os exercícios de atenção plena, não raro, nos permitem enxergar métodos mais adequados para lidar com cada momento. Com isso, estamos sempre aprendendo e continuamos fortalecendo e desenvolvendo nossa capacidade inata para a concentração, a clarividência, a criatividade e a compaixão. São essas as habilidades que o ajudarão a aumentar sua *capacidade de conectar-se* consigo mesmo, com os outros e com a sociedade como um todo, bem como sua *capacidade de promover mudanças com inteligência* – com respeito, colaboração e criatividade.

## O impacto da presença de liderança sobre o mundo em que vivemos

Se você ocupa uma posição de influência e, portanto, encaixa-se na definição de líder que propomos aqui, então o fato de você aplicar as práticas de *mindfulness* às suas responsabilidades diárias logo começará a afetar suas decisões. Com poucos dias de prática diária, você já será capaz de perceber quando não está presente ou quando está fazendo as coisas só por fazer ou sem prestar muita atenção ao momento presente; *e* você também poderá ver que está usando as técnicas que aprendeu para redirecionar sua atenção para concentrar-se no presente. Essa atenção plena afetará a maneira como você experimenta o seu dia e também afetará a experiência das pessoas que interagirem com você ao longo do dia.

Redirecionar a atenção também implica que você conseguirá, com mais regularidade, fazer uso de todas as suas habilidades em vez de empregar apenas 20% delas e deixar os outros 80% divididos entre pensamentos sobre o passado e o futuro. Quando empregamos toda a nossa capacidade, também fazemos valer nossos princípios de liderança e nossa compreensão acerca do que é e do que não é importante. Escutamos os outros com toda a atenção; percebemos o impulso de "ticar os itens da lista" e, em vez disso, escolhemos ser corajosos o bastante para conviver com a ambiguidade de uma situação nova por um tempo e esperar até que a poeira se assente para tomarmos uma decisão. Tornamo-nos capazes de personificar, com maior constância, a *presença de liderança*.

Mas em que consiste essa presença de liderança?

Trata-se da capacidade que uma pessoa tem de estar plenamente presente. Somos capazes de senti-la, e os outros também. Um líder que personifica a presença de liderança é:

Não julgador
Mente aberta
Coração aberto

Autoconsciente
Paciente
Humilde
De confiança
Colaborador
Compassivo

Essas palavras lhe parecem familiares? Talvez você tenha criado uma lista parecida ao realizar o exercício da Breve Reflexão sobre Excelência em Liderança, no Capítulo 3.

Quando cultivamos a presença de liderança, nossa preocupação não é mais só com a pergunta: "O que você quer ser quando crescer?". Passamos a nos importar ao menos em igual medida com a pergunta: "Quem você quer ser quando crescer?".

A primeira pergunta, sobre o *que* queremos ser, é finita, restrita e limitada pelo mundo externo. Já a segunda, sobre *quem* queremos ser, é infinita, inspiradora e implica um trabalho completamente interior. Quando treinamos a mente para cultivar o foco, a clareza, a criatividade e a compaixão, encontramos o espaço de que precisamos para liderar. E nesse espaço conseguimos fazer as escolhas que nos aproximarão de quem queremos ser quando crescermos.

Certa manhã, estava lendo uma entrevista com James Hackett, CEO da Steelcase. Quando lhe perguntaram quais eram as lições de liderança mais memoráveis que tinha aprendido, ele comentou que, ao longo de sua carreira, conheceu muitos CEOs e percebeu que aqueles verdadeiramente eficazes, líderes genuínos em todos os sentidos da palavra, eram os que não vinham "embalados de fábrica". Os grandes líderes, em sua opinião, eram aqueles que exibiam "uma espécie de paz, essa consciência de si, de quem diz 'Eu sei quem sou'".

Suas palavras me tocaram profundamente, pois encontraram forte eco em minhas experiências dos últimos 25 anos. À primeira vista, o convite a ter autoconsciência e a adotar a autenticidade no ambiente de trabalho parece simples. Basta ser você mesmo – soa bem simples, não?

Porém, a prática da liderança consciente nos ensina que adquirir autoconsciência parece simples, mas não é. Aos desafios do processo de treinamento da mente, somam-se as realidades que enfrentamos em nossa evolução para nos tornarmos líderes no mundo de hoje. Em muitas organizações e grupos, se quisermos nos tornar influenciadores, encontraremos, ao longo do caminho, convites tentadores para que imitemos outras pessoas, ou momentos em que somos chamados a ignorar nossas intuições e abrir mão dos valores morais em que acreditamos. Há as regras não escritas da empresa, as histórias sobre a necessidade de "gerenciar o chefe", a pressão para cumprir a meta de desempenho trimestral, a exigência de que se "faça alguma coisa" mesmo quando a paciência é o melhor caminho, e as afirmações sobre "todo mundo" estar fazendo determinada coisa no mercado para justificar ações que nos levarão a terrenos obscuros. É preciso força e coragem para perseverar no "quem sou eu" em momentos assim. Quanto mais tempo dedicamos a investigar e compreender quem somos, maior a probabilidade de encontrarmos essa força e essa coragem. Não é fácil. Mas a escolha, no fim das contas, é simples. Trata-se de uma escolha simples porque, quando fazemos escolhas que vão contra quem nós somos, perdemos uma parte de nós mesmos, talvez para sempre.

## Reflexão: quem você quer ser?

Conduzi esta reflexão para um grupo de líderes experientes, durante uma sessão de atualização para ex-alunos de liderança consciente e as reações relatadas ao final da sessão me tocaram profundamente. O objetivo desta reflexão é estimulá-lo a entrar dentro de si mesmo e verificar se você é quem quer ser, se está vivendo a vida que deseja viver.

Sente-se em uma posição confortável, com as plantas dos pés no chão e as mãos pousadas no colo. Deixe que seus olhos se fechem suavemente e comece a praticar com sua respiração. Quando o corpo e a mente se acomodarem no silêncio, pronuncie delicadamente, em voz alta, a seguinte frase, escrita por David Whyte:

> "Chega uma hora em que você descobre que se comprometeu com coisas que são pequenas demais."

Que sensações, pensamentos e emoções vêm à tona? Que palavras ecoam em você?

Lembre-se de que, quando se pratica uma reflexão, pode ser conveniente pôr de lado as primeiras respostas que vêm à mente e repetir a pergunta, sempre se mantendo aberto e curioso diante do que quer que surja.

Não tenha pressa. Sinta-se à vontade para voltar aos exercícios com a respiração caso se surpreenda avaliando ou analisando as coisas. Quando sua mente recuperar a concentração, repita as perguntas e preste atenção no que acontecer.

Talvez você tenha visto nas palavras "você descobre" um lembrete de como enxergamos as coisas com mais clareza quando estamos presentes. Ou, quem sabe, essas palavras o tenham relembrado que, às vezes, podemos descobrir coisas novas se abrirmos espaço em nossa vida para perceber a sabedoria que vem de dentro de nós em vez de nos apoiarmos apenas na capacidade discursiva da mente.

Ou talvez você tenha ficado pensando na definição de "pequenas". O que é pequeno demais? Será algo que os outros mandaram você fazer? Ou algo que alguém disse que você deveria fazer por julgá-lo bom nisso? Será algo que não utiliza plenamente suas capacidades ou não alimenta suas paixões? Ou será algo tão focado nos resultados de curto prazo que implica uma falta de visão de conjunto?

Talvez você tenha se perguntado o que faz com que algo seja pequeno. Você está muito preso às convenções sociais? Está com medo?

Será que mais espaço significa grandiosidade? Será que seu papel como líder realmente consiste em atrair essa grandiosidade?

E quanto à expressão "se comprometeu"? Você se comprometeu com tudo? Ou com nada?

Algumas pessoas se encontram em uma trajetória preconcebida desde que se tornaram adultas. Será que esse caminho ainda funciona para você? Haverá, por acaso, aspectos que não estejam mais rendendo frutos (ou que jamais tenham dado frutos), ou que não se alinhem mais com seus princípios e suas paixões? Se estamos empolgados com o "o quê" do nosso trabalho, será que precisamos mudar o "como"? Onde estão as oportunidades do tipo ganha-ganha-ganha: ganha a empresa, ganham os funcionários e ganha a sociedade? Como fazemos para liderar de maneira grandiosa?

Quando estiver pronto, escreva um pouco sobre as respostas que surgiram. O ato de escrever, muitas vezes, ajuda a esclarecer e a aprofundar palavras e frases que surgem durante uma reflexão. Considerando, então, o que você escreveu, será que consegue vislumbrar ideias que o conduzam a uma nova escolha? Por acaso você se comprometeu com coisas que são pequenas demais? Em caso positivo, tente definir um passo a ser tomado esta semana na direção de algo grande.

## O efeito cascata

Gostaria de partilhar com o leitor uma última reflexão. Jamais subestime o poder do efeito cascata. Qualquer pessoa tem a capacidade de liderar com excelência. A excelência no ato de liderar advém do cultivo da autoconsciência e do espaço de que precisamos para fazer escolhas com foco, clareza, compaixão e criatividade. Cada escolha que fazemos tem o potencial de criar um efeito cascata que melhora o estado de coisas – e quase nunca se sabe quão longe esse efeito pode ir.

O mundo precisa de líderes conscientes, pessoas que personifiquem a presença de liderança. Precisamos de líderes que, além de compreenderem a si mesmos, não tenham medo de ser sinceros e tenham caráter íntegro para fazer escolhas éticas. Os problemas que hoje nos cercam de todos os lados não são insuperáveis, mas exigem, sim, um novo tipo de liderança. Ao continuar praticando e ao encontrar mais e mais meios de estar presente em sua vida, provavelmente você também encontrará meios diferentes de influenciar a vida dos outros em sua equipe, em sua organização, na família e na sociedade. Um pequeno passo já muda a dança, e uma pequena mudança tem o potencial de criar um mundo melhor. A escolha é sua. Tenha uma boa viagem!

# Agradecimentos

Nunca pensei que me tornaria uma executiva ou que desenvolveria e ministraria retiros e cursos de liderança consciente. E não o teria feito se não tivesse a ajuda, o conhecimento e o estímulo de tantas pessoas maravilhosas. Essas pessoas estão em três linhas principais que, interligando-se umas às outras, me trouxeram ao ponto da vida em que me encontro hoje.

A primeira delas é a linha jurídica e de liderança. Minha carreira foi influenciada por cada um dos colegas e clientes que tive – milhares de pessoas incríveis que conheci ao longo dos últimos 25 anos. E cada experiência foi um exercício de aprendizado e desenvolvimento. Embora esses indivíduos sejam numerosos demais para que eu os mencione pelo nome aqui, quero estender minha profunda gratidão a todos que me deram a chance de ser parte das batalhas e alegrias do ato de liderar no mundo atual.

A segunda é a linha da atenção plena. Tive a sorte de conhecer a prática de *mindfulness* através de Jon Kabat-Zinn e sou-lhe muito grata pelo apoio e estímulo que me deu ao longo da última década. Também sou profundamente grata a Saki Santorelli, que foi um guia paciente para mim durante a fase de desenvolvimento de minha prática de *mindfulness* e que me instruiu na delicada arte de ensinar as técnicas da atenção plena depois de nos tornarmos parceiros no desenvolvimento dos primeiros retiros de liderança consciente.

Os retiros, cursos e recursos de apoio que hoje formam o núcleo do Instituto para a Liderança Consciente foram desenvolvidos e aperfeiçoados graças à curiosidade e sinceridade de meus colegas da General Mills. Sou muito grata aos executivos, diretores e gerentes que se dispuseram a explorar as técnicas da liderança consciente, que fizeram perguntas interessantíssimas relacionadas à sua prática pessoal, e que compartilharam comigo suas ideias e seu entusiasmo em relação à aplicação mais generalizada dessas técnicas aos desafios da liderança em todos os níveis organizacionais. É uma grande honra estar nessa jornada junto com cada um de vocês.

Encontrar coragem para dar o primeiro passo, largando meu emprego na General Mills para fundar o Instituto para a Liderança Consciente, uma organização sem fins lucrativos, foi uma aventura que se tornou bem mais fácil com o apoio de tantos amigos queridos. Foram estas as pessoas que acreditaram na missão do Instituto e se dispuseram a me ajudar no esforço de torná-lo realidade: Susan Albers, Sandy Behnken, Vikram Ghosh, Jim Gimian, Autumn Huiras, Marian Johnson, Florence Meleo-Meyer e Terry Pearson. Obrigado a todos vocês por se manterem firmes nessa convicção, sobretudo nos momentos em que minha mente se encheu de preocupações e dúvidas. Depois, quando o Instituto virou realidade, tive a grande sorte de me ver cercada de pessoas talentosas, que compuseram o primeiro Conselho Administrativo do Instituto: Patricia Barrick, Joe Ens, Jim Gimian, Peter Krembs, Anita Lauricella e Peter Thompson. Obrigado a todos vocês pela inestimável orientação e generosidade.

Este livro deve sua existência a uma competente equipe de profissionais. Obrigado a Jim Gimian pela ajuda profissional e pelo apoio durante a fase apresentação da proposta do livro e ao longo de todo o processo. Obrigado também a Stephanie Tade, minha agente literária, por fazer o contato com uma grande editora, a Bloomsbury

Publishing, para a publicação do livro. Meus agradecimentos também a Peter Ginna, meu editor, pelos valiosos comentários e sugestões e pelo entusiasmo que sempre demonstrou pelo projeto. Agradeço, ainda, a toda a equipe da Bloomsbury responsável por levar o livro à gráfica e às prateleiras das livrarias, sobretudo a George Gibson, Rob Galloway, Nikki Baldauf, India Cooper, Laura Keefe, Summer Smith, Marie Coolman, Cristina Gilbert e Derek Stordahl.

Gostaria de oferecer um agradecimento muito especial a Barry Boyce, meu amigo editor de desenvolvimento de conteúdo, cujas enormes habilidades de edição não apenas me ajudaram a tornar o livro melhor, como também transformaram esta experiência de redação em uma jornada de explorações e aprendizado. Foi um privilégio trabalhar com alguém que, tão claramente, "trilha o caminho" da atenção plena.

A última das minhas três linhas é a mais longeva. Começou com meus amados pais, Joseph e Gloria Marturano, e meus melhores amigos, meu irmão Tom e minha irmã Diane. Recebi muitas bênçãos na vida, mas nenhuma delas foi tão grande quanto a de fazer parte de uma família amorosa. Obrigado aos membros de todas as famílias às quais pertenço: Marturano, Thompson, Lauricella, Cioce, Gemborys, Capasso e Dobroski. O amor e o apoio de vocês são a fonte de onde sempre extraí força e coragem.

A joia circunscrita por essas três linhas é minha família: meu marido, Peter Thompson, e meus filhos, Brian Marturano Thompson e Lauren Marturano Thompson. Obrigado, Brian e Lauren, não apenas por me manterem abastecida de chá verde durante os longos dias de escrita, mas também por todo o amor e toda a compreensão que sempre tiveram.

E Peter, não tenho palavras para expressar adequadamente a profunda gratidão e o amor que sinto por você, que sempre compartilhou comigo seu amor, sua sabedoria, seu eterno apoio e sua paciência. Nossas vidas, incluindo este livro e o trabalho do Instituto, têm origem em nossa parceria ímpar. Nenhuma das etapas desta jornada teria acontecido sem você. Sou-lhe eternamente grata.

## APÊNDICE 1

# Índice remissivo de meditações, reflexões e pausas intencionais

**Pausas intencionais**

# APÊNDICE 2

## Desenvolvimento de uma prática personalizada

| SEMANA | MEDITAÇÕES (mínimo de duas meditações de 10 minutos ao dia) | PAUSAS INTENCIONAIS | REFLEXÕES |
|---|---|---|---|
| 1 | Meditação com a respiração e os sons | 3 por dia | |
| 2 | Meditação na cadeira do escritório | 3 por dia | O que é excelência em liderança? |
| 3 | Alternar entre "respiração e sons" e "cadeira do escritório" | 3 por dia | Reflexão sobre a agenda |
| 4 | Comunicação consciente: escutar a si mesmo<br><br>Meditação caminhando | 4 por dia (incluir Reflexão sobre a agenda) | Reflexão sobre a inspiração |

| SEMANA | MEDITAÇÕES (mínimo de duas meditações de 10 minutos ao dia) | PAUSAS INTENCIONAIS | REFLEXÕES |
|---|---|---|---|
| 5 | Meditação com os pensamentos e as emoções | 4 por dia | Quais são os seus princípios de liderança? |
| 6 | Comunicação consciente: escutar os outros<br><br>Meditação da compaixão | 5 por dia (incluir uma Reunião consciente) | Quem (não o quê) você quer ser? |
| 7 e depois | Escolha quaisquer duas meditações diariamente. Aumente o tempo de prática conforme achar adequado | Continue adicionando pausas intencionais (incluir "desvencilhar-se das expectativas") | Use a prática da reflexão para lidar com todas as questões importantes da sua vida. |

# Índice remissivo

Impressão e acabamento:

Orgrafic
Gráfica e Editora

tel.: 25226368